BEHOLD ¡! THE DIVINE /ECO DIVINO

Rev. Alexis Bastidas

Behold! The Divine! Eco Divino

Volume 2
Bilingual Edition

Communitas Dei Editions
New York 2013

© Rev. Alexis Bastidas, 2013
padrealexis@hotmail.com

Hecho el depósito de Ley
ISBN: 978-980-365-234-0
lf54020132003945

Communitas Dei Foundation
133 West, 70th St.
New York, NY 10023
www.cdei.org
http://www.cdei.org/compass/

CONTENIDO / CONTENT

Prólogo 16

Forward 17

101. *Pondré un arco iris en el cielo, como una señal de mi alianza con el hombre, con la humanidad* 18
  I will put a rainbow in the sky as a sign of my covenant with man, with humanity................................. 19

102. *El que pierda su vida por mí y por el Evangelio se salvará!* 20
  And whoever loses his life for My sake and the gospel´s, will be saved! 21

103. *¡Por la fe, sabemos que el universo fue formado por la palabra de Dios!* 22
  By faith, we understand that the universe has been framed by the word of God!................................. 23

104. *Amad a vuestros enemigos* 24
  Love your enemies. 25

105. *Creo Señor, pero me hace falta fe* 26
  I believe Lord, but I need faith. 27

106. *Tú eres Pedro y sobre esta piedra edificaré mi Iglesia.* 28
  You are Peter, and on this rock I will build my church. 29

107. *El Señor ama a aquellos que aman la sabiduría*.......... 30
  The Lord loves those who love wisdom....................... 31

108.	*No tardes en volverte de nuevo al Señor.*	32
	Delay not to be converted to the Lord.	33
109.	*Un amigo verdadero no tiene precio, y yo puedo decir con fe que esto es verdad.*	34
	A true friend is priceless, and I can say faithfully that this is true.	36
110.	*No se preocupen por el día de mañana.*	38
	Do not worry about tomorrow.	39
111.	*¡Vuelve al Señor y deja ya de pecar!*	40
	Turn to the Lord and have done with sin!	41
112.	*Hay que cuidar de la levadura de los fariseos y saduceos*	42
	You have to take care of the leaven of the Pharisees and Sadducees.	43
113.	*¡El que cumple mis mandamientos ofrece un gran sacrificio, un noble sacrificio!*	44
	One who follows the commandments offers communion sacrifices!	45
114.	*Que todas las naciones te reconozcan como un solo Dios, único y verdadero.*	46
	That all nations recognize you as the one God, the one true God.	47
115.	*¡Señor danos sabiduría!*	48
	Lord, give us wisdom!	49
116.	*¡Construyan su casa sobre roca y no sobre arena!*	50
	Built your house on rock, not sand!	52
117.	*El mal como la muerte nos pasa a todos*	54
	Evil as death happens to everyone.	55
118.	*Dar al César lo que es del César y a Dios lo que es de Dios.*	56
	Give to Caesar what is Caesar's, and to God what is God's.	57

BEHOLD! THE DIVINE! / ECO DIVINO

119.	¡El que pierda su vida por el Evangelio la salvará!	58
	Whoever loses their life for me will find it!	59
120.	¡Este es el ayuno que yo quiero!	60
	This is the fasting that I wish!	61
121.	¡No he venido a buscar a los justos, sino a los pecadores!	62
	I have not come to call the righteous but sinners!	63
122.	El don de Dios, supera todo delito.	64
	God's grace surpasses our many sins.	65
123.	Orar exige intimidad.	66
	To pray demands intimacy.	67
124.	¡No tendrán otra señal sino la de Jonás!	68
	"The only sign it will be given is the sign of the prophet Jonah."	69
125.	¡Todo el que pide recibe!	70
	Everyone who asks receives!	71
126.	¡Ve y reconcíliate con tu hermano y luego lleva la ofrenda al altar!	72
	First be reconciled with your brother, and then come and present your offering.	73
127.	¡Esperar contra toda esperanza como Abraham!	74
	Against all hope, Abraham in hope believed!	75
128.	¡Perdonen y serán perdonados!	76
	Forgive, and you will be forgiven, ...	77
129.	La reconciliación del ser humano con Dios.	78
	The reconciliation of the human being with Go	79
130.	¡Bendito el hombre que confía en el Señor!	80
	Blessed is the man who trusts in the Lord!	81
131.	¡Concebirás y darás a luz un hijo!	82
	You will conceive and give birth to a son!	83

132.	*Tú hermano estaba muerto y ha vuelto a la vida:*	84
	Your brother was dead and is alive again.	85
133.	*Jesús es la fuente de gracia que no termina*	86
	Jesus is the source of grace that never ends	87
134.	*Jesús es la revelación plena de Dios.*	88
	Jesus is the full revelation of God	89
135.	*Si no perdonas a tu hermano ¿cómo pretendes que Dios te perdone los pecados?*	90
	If you do not forgive your brother, how do you pretend that God is going to forgive your sins?	91
136.	*El que no está conmigo está contra mí.*	92
	He who is not with me is against me.	93
137.	*La humildad como ámbito de la presencia de Dios.*	94
	The humility is the place of the God's presence	96
138.	*¡Levántate de entre los muertos, el Señor es tu luz!*	98
	Wake up, sleeper! Rise from the dead, and Christ will shine on you!	100
139.	*Vete, tú hijo ya está sano, vete en paz.*	102
	Go, your son will live, go in peace.	103
140.	*Dios hace cosas maravillosas para llamar nuestra atención.*	104
	God does wonderful things to get our attention.	105
141.	*La gran bendición que es precisamente la vida.*	106
	This great blessing that is life	107
142.	*¡No castigues a tu pueblo por sus maldades!*	108
	Do not punish your people for their wickedness!	110
143.	*"Haré de todos un solo pueblo".*	112
	"I will make them one nation in the land".	113
144.	*¡Hace tanto tiempo que estoy con ustedes y todavía no me conocen!*	114
	I have been with you for so long a time and you still do not know me!	115

BEHOLD! THE DIVINE! / ECO DIVINO

145.	*¡Todo lo puso en las manos de Dios!*	116
	Place everything in God's hands!	117
146.	*Dios bendijo el pan y lo distribuyó, y todos se saciaron.*	118
	God blessed the bread and distributed it, and all were satiated.	119
147.	*Dios en Jesús es el Señor de la realidad*	120
	God in Jesus is Lord of reality.	122
148.	*Se nos exhorta a trabajar por los bienes del cielo.*	124
	We are exhorted to work for the goods of heaven.	165
149.	*Yo Soy el Pan vivo que ha bajado del cielo.*	128
	I am the living Bread which came down from heaven.	129
150.	*Yo soy el Pan Vivo, Yo soy el Pan Verdadero, Yo estoy aquí para darles la vida.*	130
	I am the Living Bread, I am the True Bread, I am here to give you life.	131
151.	*¡No son ustedes quienes me han elegido, Soy Yo quien los ha elegido a ustedes!*	132
	You did not choose me, but I chose you!	133
152.	*"El Padre y yo somos uno".*	134
	"The Father and I are one".	135
153.	*Dios vino al mundo como luz.*	136
	God came to earth as light!	137
154.	*"Ustedes son de estirpe real, la nación consagrada, sacerdocio de Dios, pueblo especial."*	138
	"You are of royal blood, the holy nation, the priesthood of God, special people".	139
155.	*Dios nos pide de manera muy particular que rechacemos los ídolos y podamos amarle a Él en espíritu y en verdad*	140
	God asks us a very special way to reject the idols and to love Him in spirit and in truth.	141

156.	*Yo les doy la paz.*	142
	I give them peace.	143
157.	*El que está conmigo da buenos frutos.*	144
	He who is with me bears good fruit.	145
158.	*Hospitalidad es signo de amor y apertura.*	146
	Hospitality is a sign of love and openness.	147
159.	*¡Ayuden a sus hermanos en las necesidades!*	148
	Help your brothers in need!	149
160.	*El amor de Dios transforma todo.*	150
	God's love changes everything.	151
161.	*Jesús se revela como Señor.*	152
	Jesus reveals himself as Lord.	153
162.	*¡Tú, obra con rectitud!*	154
	Pursue righteousness!	156
163.	*¡Que la unidad sea perfecta!*	158
	That they may become perfectly one!	159
164.	*¡Reciban el Espíritu Santo!*	160
	Receive the Holy Spirit!	161
165.	*En nuestra vida, nosotros reflejamos los valores de nuestra fe.*	162
	In our life, we reflect the values of our faith.	163
166.	*¡Amen a sus enemigos!*	164
	Love your enemies!	165
167.	*El Padre que ve todo, en lo secreto, te lo agradecerá.* ..	166
	The Father who sees, in secret will reward you.	167
168.	*La Eucaristía como el encuentro de lo humano con lo divino.*	168
	The Eucharist is the meeting place of the human life with the divine life.	169
169.	*Es el corazón quien define y da contenido a nuestro carácter.*	170
	It is the heart that defines and gives meaning to our character.	171

BEHOLD! THE DIVINE! / ECO DIVINO

170.	¡No se preocupen por el día de mañana!	172
	Do not worry about tomorrow!	173
171.	¡Por sus frutos los conocerán!	174
	By their fruits you shall know them!	175
172.	¡Yo te conozco desde antes de que tú existieras, desde siempre te he conocido!	176
	I knew you before you existed, I have always known you!	177
173.	¡Te haré luz de las naciones!	178
	I'll make you the light to the nations!	179
174.	¿Hay algo imposible para Dios?	180
	Is there anything too hard for God?	181
175.	¡Sígueme!	182
	Follow me!	183
176.	¡Dios ha sido glorificado en los hombres!	184
	God has been glorified in men!	185
177.	Dios compasivo y Misericordioso.	186
	Compassionate and merciful God	187
178.	El reto de creer	188
	The challenge of believing.	189
179.	Jesús vio a la multitud y sintió compasión de ella!	190
	Jesus saw the crowd and felt sorry for them!	191
180.	¡Quédate en el monte porque Dios va a pasar por allí! ...	192
	Stay on the mountain because God is going to pass by .	193
181.	¡No cierres tu corazón a Dios!	194
	Do not close your heart to God!	195
182.	No podemos olvidar o rechazar a los más pequeños, a los más débiles.	196
	We cannot forget or reject the small, the weak ones	198
183.	¡El que me sirve a mí, honra a Dios!	200
	My Father will honor the one who serves me!	201

13

184.	*Por la dureza del corazón, Moisés permitió el divorcio.*	202
	Moses permitted you to divorce your wives because your hearts were hard.	204
185.	*¡Dejad que los niños se acerquen a mí!*	206
	Let the children come to me!	207
186.	*¡Dios no se arrepiente de su elección! ¡Dios te ha elegido a ti y no se arrepiente de eso!*	208
	God does not repent of His choice! God has chosen you and has no regrets about that!	209
187.	*El ser humano se pierde por su actitud necia e ignorante, no por lo que posee.*	210
	The human being gets lost for his ignorance, not for what it possesses.	211
188.	*¡Todo lo ha hecho Dios!*	212
	God has made all things!	213
189.	*Lo que Dios quiere de cada uno de nosotros es que nos santifiquemos.*	214
	What God wants from each of us is that we sanctify ourselves.	215
190.	*¡El que quiera vivir conmigo, que renuncie a sí mismo y me siga!*	216
	Who wants to come after me, must deny himself and follow me!	217
191.	*¡La Palabra de la verdad, ha llegado a todos ustedes!*	218
	The Word of truth has come to you all!	219
192.	*¡Dejándolo todo, le siguieron!*	220
	They left everything and followed him!	221
193.	*¡Todo fue creado por Él y para Él!*	222
	Everything was created by Him and for Him!	223
194.	*¡Dios nos ha reconciliado consigo!*	224
	God has reconciled us!	225

BEHOLD! THE DIVINE! / ECO DIVINO

195. *¿Para qué Dios nos ha reconciliado?, la respuesta es muy sencilla, es para hacernos santos.* 226
    What has God reconciled us for? The answer is very simple, to make us holy. 227

196. *¿En qué consiste cumplir perfectamente la Ley?, yo les voy a decir una sola palabra, en amar.* 228
    What does perfectly fulfilling the Law consist of? I'm going to say one word, love. 229

197. *¡Estaban acechando a Jesús para hacerle pasar un mal rato!* 230
    They were stalking Jesus to give him a hard time! 231

198. *¡Dios nos ha dado una nueva vida!* 232
    God has given us a new life! 233

199. *¿Puede un ciego guiar a otro ciego?* 234
    Can the blind lead the blind? 235

200. *¿Qué es lo que Dios quiere de todos nosotros?* 236
    What does God want from us? 237

REV. ALEXIS BASTIDAS

PRÓLOGO

Tal cual como lo dije en otra oportunidad, cuando pensé esta publicación, nunca vi en él un libro de religiosidad, así como tampoco en uno de esos libros que permanecen intocables en nuestra biblioteca. Lo vi como un libro para rayar, para hacer anotaciones en los márgenes y volver. Siempre volver sin ningún orden. Un libro para abrir de manera casi fortuita y reflexionar sobre lo que allí está escrito. Una suerte de Rayuela espiritual. Es así como concibo este material, como un compañero de viaje en el camino de la vida; como ese amigo que nos acompaña en los momentos de más profunda búsqueda y reflexión. Por esta razón dedico estas reflexiones a mi rebaño urbano.

En este punto, quisiera agradecer a mi hermana Coromoto, quien junto a Tania y Ricardo Espina se encargaron de la corrección del manuscrito que hoy hace este libro, al Dr. Allan Brewer-Carías quien me convenció de emprender esta tarea y fungió como fuente de motivación a lo largo de todo este proceso y sin el cual este material no habría llegado a sus manos.

Me despido esperando brindarles un nuevo compañero de jornada.

Dios los bendiga,

    Alexis

BEHOLD! THE DIVINE! / ECO DIVINO

FORWARD

As is have said on other occasions, when I thought about this book I never thought of it as a religious book, nor one of those books that remain untouched in our bookshelves. I saw it as a book to scribble in, to write notes in the margins to be reviewed later. To be able to go back to it, without any order. A book to be opened almost haphazardly, and reflect on what is written there. A sort of spiritual *"Rayuela"* This is how I conceived this material, as a fellow traveler on the road of life, like that friend who is with us in moments of deep search and reflection. For this reason I dedicate these thoughts to my urban flock

At this point, I would like to thank my sister Coromoto, who along with Tania and Ricardo Espina were responsible for proofreading the manuscript that makes this book today; Dr. Allan Brewer-Carías who convinced me to undertake this task and served as a source of motivation throughout this process without which this material would not have come into your possession.

I say farewell hoping to provide you with a new daily companion.

God bless you,

    Alexis

101. La reflexión está tomada del Libro del Génesis:
Pondré un arco iris en el cielo, como una señal de mi alianza con el hombre, con la humanidad.

Lamentablemente, no hemos aprendido a contemplar en la naturaleza la presencia de Dios, y deberíamos hacer una gran distinción, Dios nos habla a través de la naturaleza, nos dice quién es a través de la naturaleza, pero la naturaleza no es Dios; gran parte de la humanidad sigue pensando y dando culto a la naturaleza como si ésta fuera realmente la gestora de toda la historia del ser humano, y no es así. Dios nos creó, somos sus hijos, y la belleza de ello consiste precisamente en poder contemplar en tu propia vida lo que Dios hace para salvarte.

101. **This reflection is taken from the Book of Genesis:**
> **I will put a rainbow in the sky as a sign of my covenant with man, with humanity.**

Unfortunately we have not learned to contemplate God's presence in nature, and we should make a big distinction, God speaks to us through nature, He tells us who He is through nature, but nature is not God. A large part of humanity still worships nature as if it were really the creator of the history of the human being, and it is not; God made us, we are His children, and the beauty of it is precisely to be able to contemplate in your own life what God does to save you.

102. Tomado del Evangelio según San Marcos: El que pierda su vida por mí y por el Evangelio se salvará!

Hoy día, nos encontramos en una gran sequía espiritual, difícilmente encontramos catequistas, buenos maestros, gente que pueda hablar desde el Evangelio a la humanidad.

Las religiones se han convertido, y particularmente la nuestra, en un escaparate de una serie de ideas, negando muchas veces el propio Evangelio, y en esto debemos ser muy claros, el Evangelio le pide al hombre vivir en la presencia de Dios, vivir como un hijo de Dios, y sobre todo respetar al prójimo como un hijo de Dios; y esto en las religiones y en muchos aspectos de la vida de la sociedad del mundo moderno, no termina de ser meridianamente claro.

Cuando a nosotros se nos pide evangelizar, no es simplemente ir a misa los domingos, es anunciar el Evangelio desde nuestro metro cuadrado, desde nuestra familia, para poder así realmente conseguir la mejor manera de evangelizar a una nueva civilización que nace de espaldas al Evangelio.

102. Taken from the Gospel according to St. Mark:

And whoever loses his life for My sake and the gospel´s, will be saved!

Today, we are in a spiritual drought, we can hardly find catechists, good teachers, people who can speak from the gospel to mankind.

Religions, and particularly ours, have become a showcase of a series of ideas, often denying the Gospel itself, and in this we must be very clear, the Gospel asks man to live mainly in the presence of God, to live like a child of God, and above all, respect our fellowmen as God´s children. This, in religions and in many aspects of today`s modern world and society´s life is not crystal clear.

When we are asked to evangelize, is not simply going to church on Sunday, it is to announce the Gospel from our own space, from our family, to be able to find the best way to evangelize a new civilization that is born with their back to the Gospel.

103. La reflexión está tomada de la Carta a los Hebreos:

¡Por la fe, sabemos que el universo fue formado por la palabra de Dios!

Normalmente seguimos enfrascados en una discusión entre ciencia y religión, ciencia y fe, razón y fe, como si estos fueran dos elementos que tiene profundamente dividido al ser humano.

La ciencia no es otra cosa que un ejercicio de entendimiento de la naturaleza, y Dios es parte de la vida del hombre y nosotros estamos llamados a entender ese fenómeno real, esa existencia permanente en la vida del hombre, que es Dios.

Si seguimos ocultando o negando esa búsqueda, terminaremos dándole a la ciencia el carácter de religión y perderemos precisamente el sentido más profundo de la religión, que es ser Maestra, Pedagoga, en la búsqueda del entendimiento de ese gran Misterio que es Dios.

Promovamos de manera muy particular el diálogo entre estos dos aspectos de la vida del ser humano, para poder así establecer el equilibrio en la búsqueda de un sentido más profundo, de una pertenencia más profunda, a un universo que nace precisamente de quién es Dios y termina estando en la presencia de Dios.

Recuerdo una frase muy antigua, que decía: a Dios normalmente lo vemos donde no está, donde físicamente no está, y de allí recuerdo una profunda reflexión: ¿cómo puedo yo probar que tengo alma? Por ahí podría uno hacer muchas de las deducciones que en el mundo moderno entran en conflicto, pero la idea es precisamente profundizar en la búsqueda, profundizar en el deseo de aprender y profundizar en lo que se aprende.

BEHOLD! THE DIVINE! / ECO DIVINO

103. This reflection is taken from the Letter to the Hebrews:

By faith, we understand that the universe has been framed by the word of God!

We are usually engaged in a discussion between science and religion, science and faith, reason and faith, as if they were two elements that have deeply divided the human being.

Science is nothing more than an exercise in understanding nature; God is part of human life and we are called to understand the real phenomenon, the continued existence of God in the life of man.

If we continue to hide or deny that quest, we´ll end up giving science the nature of religion and we´ll miss the deeper meaning of religion, which is to be teacher in the pursuit of understanding the great mystery that is God.

Let´s promote, in a very particular way, the dialogue between these two aspects of human life, so that we can establish the equilibrium in the search for a deeper sense of belonging to a universe that is born precisely of who God is and ends up being in the presence of God.

I remember a very old phrase, we see God where He is not, where physically He is not, and then I remember a deep reflection, how I can I prove that I have a soul? That way we could deduct many of the discussions that are in conflict in the modern world, but the idea is precisely to deepen the search, to deepen the desire to learn and the desire to deepen what we learn.

104. La reflexión está tomada Evangelio según San Mateo:
Amad a vuestros enemigos.

Ustedes me van a preguntar: ¿Padre, cómo se puede hacer esto? La verdad es que con gran dificultad.

Nadie hace esto sin el convencimiento de lo importante que es estar libre del odio y del resentimiento, y esto es la respuesta inicial a esta circunstancia o a esta realidad.

Nosotros pasamos más tiempo cultivando el resentimiento y el odio, que buscando la manera de no hacerlo, y cuando uno se ama a sí mismo lo suficiente como para no hacerlo, realmente descubre en el otro ser humano la debilidad que uno también tiene, y por ahí comienza uno a entender, y comienza uno a dejar de odiar, que es algo tan común y tan frecuente en estos días.

Fácil no es, necesario sí es.

104. This reflection is taken from the Gospel according to St. Matthew:
Love your enemies.

You will ask me: Father, how can this be done? The truth is that with great difficulty.

Nobody does this unless you are convinced how important it is to be free of hatred and resentment, and this is the initial response to this situation or to this reality.

We spend more time cultivating resentment and hatred, than looking for ways not to do so. When we love ourselves enough, we discover in other human beings our own weaknesses and then we begin to understand, and stop hating, which is so common and so frequent nowadays.

Easy it is not, necessary it is.

105. Creo Señor, pero me hace falta fe
Esta reflexión está tomada del Evangelio según San Marcos

Este es el drama de muchos de nosotros, uno desearía creer más en uno mismo y sin embargo uno se sabotea su vida, tomando decisiones que realmente no ayudan a que uno pueda profundizar en esa búsqueda de alcanzar lo mejor de si mismo.

La fe nace en algo muy real, en la vida nuestra que es cien por ciento real, y conduce a un aspecto muy importante, que es la transcendencia del ser humano; y por eso cuando uno no tiene tiempo para rezar, para leer, para servir, uno no tiene tiempo para vivir con decencia, y entonces se pregunta ¿qué necesitamos para poder creer que se puede vivir de una manera mejor?, ¿por qué por ejemplo, en el mundo moderno tenemos inclinaciones a escapar?

Procuremos en gran medida cultivar la espiritualidad, para que teniendo una vida mucho más plena, podamos disfrutar de las dulzuras del bien, y alcanzar la vida eterna.

105. I believe Lord, but I need faith.

This reflection is taken from the Gospel according to St. Mark.

This is the drama of many of us, we would like to believe more in ourselves, yet we sabotage our lives, making decisions that do not really help us deepen the search to achieve the best of ourselves.

Faith is born of something very real in our lives, that is one hundred percent real, that leads to a very important aspect that is the transcendence of the human being, so when we have no time to pray, to read, to serve, we do not have time to live decently, then we question ourselves, what do we need to be able to believe that we can live in a better way? Why for example, in this modern world we are inclined to escape?

Let's seek to cultivate spirituality, so that by having a much fuller life, we can enjoy the sweetness of goodness, and reach eternal life.

106. Tú eres Pedro y sobre esta piedra edificaré mi Iglesia.
Esta sentencia la encontramos en el Evangelio según San Mateo.

Dios fue tan generoso, que después que creó al hombre y vio el drama que el hombre es, decidió darle la posibilidad de ser libre de esa tragedia que había sido su vida enviándole a Jesucristo el Señor, y de nuevo darle la oportunidad de conocer a Dios en el Evangelio, y le dio al hombre la llave, al ser humano la llave para conocerlo, amarlo, servirlo, entenderlo, y hemos centrado más la atención en decir que Jesús escogió a Pedro para que fuera el jefe de los apóstoles, cuando tuvo mayor profundidad, el haberle dado al ser humano la llave del Reino de los cielos.

Sí, tú si puedes ir al Reino de Dios, tú eres parte del Reino de Dios, y aquí está la llave, Pedro es un ser humano como tú que fue elegido por Dios para una misión muy particular, ser apóstol de Jesucristo. Tu, fulano de tal, tienes también una misión muy particular, educar bien a tus hijos, hacer lo que tienes que hacer, siempre movido por la gracia de Dios y convencido de que Dios te ha dado esa llave de poder ir a la trascendencia y conquistar la vida eterna.

106. You are Peter, and on this rock I will build my church.

This statement is found in the Gospel according to St. Matthew.

God was so generous that after he created man and saw his drama, He decided to give man the possibility to be free of the tragedy that his life had been, by sending Jesus Christ the Lord and again give him the opportunity to meet God in the Gospel. He gave man the key no know Him, to love Him, to serve Him, to understand Him but we have focused more attention in saying that Jesus chose Peter to be the chief of the apostles when it is more important that God gave man the key to the kingdom of heaven.

Yes, you can go to the Kingdom of God, you are part of the Kingdom of God, and here's the key, Peter is a man just like you who was chosen by God for a very special mission, to be an apostle of Jesus Christ, you also have a very special mission, to educate your children well, to do what you have to do, always moved by the grace of God and convinced that God has given you the key to transcendence and to conquest eternal life.

107. La reflexión está tomada del Libro del Eclesiástico.
El Señor ama a aquellos que aman la sabiduría.

El Señor tendrá muchos problemas en Latinoamérica y en África, y creo que aquí en los Estados Unidos, porque la gente le huye a la sabiduría, y prefiere el entretenimiento; la gente prefiere estar entretenida que entender la vida, y esto es grave, esto es un drama, y por esa razón nosotros vemos cómo por ejemplo la vida no vale nada. A nosotros no nos gusta estudiar, no nos gusta buscar la verdad per sé, preferimos más bien estar todo el tiempo entretenidos, y de ser posible así viviríamos siempre.

Sin embargo la vida es otra cosa, y cuando la realidad lo muerde a uno, no hay nada que lo libere sino el saber qué es lo que va a pasar con uno y hacia dónde uno va; todas nuestras decisiones las tomamos en función del entretenimiento y cuando la vida nos muerde, y eso sucede, nos ponemos a llorar, nos deprimimos y vivimos estresados ¿por qué?, porque vivimos una serie de cuentos y no la verdad.

107. The reflection is taken from Ecclesiasticus.
The Lord loves those who love wisdom.

The Lord will have many problems in Latin America and Africa, and I think here in the United States, because people flee from wisdom, preferring entertainment; people prefer to be entertained than to understand life, and this is serious, this is a drama, and for that reason, for example, we see how life is worthless. We don´t like to study, we don´t like to seek the truth, we rather like to be entertained all the time and if possible we would live like this forever.

But life is something else, and when reality bites you, there is nothing to free you but knowing what will happen to you and where you are going; all of our decisions are made based on entertainment and when life bites you, and it happens, you begin to cry, get depressed and stressed, because we live a series of stories and not the truth.

REV. ALEXIS BASTIDAS

108. La reflexión está tomada del Libro del Eclesiástico.
No tardes en volverte de nuevo al Señor.

Uno piensa que tiene toda la vida para hacer el bien, para amar a los suyos, para hacer lo que se propone en la vida, y eso no es verdad.

Nosotros tenemos el día de hoy, el día del Señor, por eso debemos renunciar al mal que somos capaces de hacer, y que hacemos muchas veces cuando decimos o dejamos de decir, cuando hacemos o dejamos de hacer, o cuando omitimos actitudes y acciones que debiéramos haber ejecutado.

La conversión, es producto precisamente del entendimiento de que uno es un ser mortal y que la muerte es lo más seguro que tenemos en la vida, y si uno no está consciente de su mortalidad ¿cómo puede entender su inmortalidad?, uno debe vivir todos los días como quien tiene las maletas hechas para irse de viaje, porque no sabe a qué hora va a salir a la vida eterna.

108. **The reflection is taken from the Book of Ecclesiasticus.**
Delay not to be converted to the Lord.

We think we have a lifetime to do goodness, to love our own, to do what we aim to do in life, and that's not true.

We have today, the Lord's day, so we must renounce to the evil we can do, and do many times when we say or fail to say something, when we do or fail to do something, or omit attitudes and actions that we should have executed.

Conversion is a product of understanding that we are mortal and death is the surest thing we have in life, and if we are not conscious about mortality, then, how can we understand immortality? We must live every day as someone who has his bags packed for traveling, not knowing at what time he is going to leave to eternal life.

109. **Esta reflexión está tomada del Libro del Eclesiástico.**
Un amigo verdadero no tiene precio, y yo puedo decir con fe que esto es verdad.

Lo aprendí de mi papá, lo aprendí de mis mayores, lo aprendí en el Seminario, y todos los días en la vida celebro realmente el poder gozar de ese privilegio de tener amigos y de ser amigo.

¿Pero, qué es un amigo de verdad? La gente confunde, y voy a decir más o menos que sucede, la gente cree que porque tiene relaciones sociales, y hace un "network", piensa que ese "network" son amigos, no, no, eso es un conjunto de intereses, que se reúnen precisamente para poder conseguir lo que buscan, eso no es amistad, esas son relaciones que pueden ser de carácter laboral, o de cualquier otro tipo.

Y cuando uno construye su vida en función de ese "network", y no en función de la amistad, al final de la jornada, cuando llega la noche, viene una gran soledad y entonces, vemos que Nueva York es un gran archipiélago donde la mayoría de la gente no se comunica, no hay amistad, solo intereses, y lamentablemente nosotros hemos llevado a ese nivel el rango de amistad.

La amistad es parte del modo de ser del ser humano, necesita trabajo y dedicación, y que no solamente es amigo con el que uno bebe, o fuma, o sale a comer, o va al cine, o va al juego.

BEHOLD! THE DIVINE! / ECO DIVINO

El amigo es aquella persona que comparte con uno su vida, las veinticuatro horas, y esto no quiere decir que uno se vea todos los días, yo tengo amigos que los veo cada dos años, cada tres años, cada cinco años y son amigos, gente que uno sabe que es capaz de dar la vida por ellos y ellos por uno. Yo tengo ese privilegio, lo aprendí de mi familia, lo cultivé en el Seminario, y le doy gracias a Dios que me bendijo con un buen número de amigos, de lo cual yo me siento profundamente agradecido.

Que Dios los bendiga, que Dios los cuide, y que Dios nos dé a nosotros la gracia de cultivar amigos y poder tener una vida plena.

REV. ALEXIS BASTIDAS

109. This reflection is taken from Ecclesiasticus.
A true friend is priceless, and I can say faithfully that this is true.

I learned it from my father, I learned it from my elders, I learned it in the seminary, and every day in my life I celebrate to be able to enjoy the privilege of having friends and being a friend.

But, what is a true friend? People misunderstand it, and I am going to say what's happening; people think that if they have social relationships and are part of a network, they have friends, but no, no, this are a set of interests that meet to get what they want, that's not friendship, those are relationships that can be either work related of other type.

And when you build your life in terms of a network, and not in terms of friendship, at the end of the day, when night falls, there is great loneliness and then, we see a city like New York that is a vast archipelago where most of people don't communicate, there is no friendship, only interests, and unfortunately we have taken friendship to that level.

Friendship is part of being human, it needs work, dedication, and a friend is not only who you drink, smoke, eat out, go to the movies or go to the game with.

BEHOLD! THE DIVINE! / ECO DIVINO

A friend is someone who shares his life with you, twenty-four hours a day, and this does not mean you see each other every day; I have friends I see every two years, every three years, every five years and are true friends, people you know you are willing to give your life for them and they for you. I have that privilege, I learned it from my family, cultivated it in the seminary, and I thank God who has blessed me with a good number of friends, which I am deeply grateful.

May God bless you, care for you and may he give us grace to cultivate friends and to have a full life.

110. La reflexión está tomada del Evangelio según San Mateo.
No se preocupen por el día de mañana.

La mayoría de nosotros tiene un dilema, cultiva el pasado, gasta gran energía y cantidad de tiempo viviendo en el pasado como si eso le resolviera la vida, y no conforme con eso, no quiere vivir el pasado y se va a vivir el futuro.

Entonces cuando sea grande ya verán, todo es ya verán, todo es el futuro, esa es la tragedia en que nosotros vivimos, no saber usar el tiempo, no saber para qué vivimos. La vida misma nos pide de manera muy particular que uno sea lo suficientemente serio y comience a vivir el momento, a vivir el aquí y ahora, no voy a ser justo mañana, soy justo hoy; no soy bueno mañana, soy bueno hoy; no voy a servir mañana, voy a servir hoy. La vida es otra cosa, uno tiene que ponerle la mano a la vida todos los días o si no, uno va a vivir siempre en el pasado o en el futuro, pero nunca vive en el presente.

110. The reflection is taken from the Gospel according to St. Matthew.
Do not worry about tomorrow.

Most of us have a dilemma, cultivating the past, we spend a lot of energy and time, living in the past as if that will solve our lives and if we don't like the past we move into the future.

Then we say, when I grow up you will see, everything is you will see, everything is in the future, that's the tragedy in which we live, not knowing how to use time, not knowing what we live for. Life itself asks that we should be serious and start to live the moment, to live here and now, I'm not going to be just tomorrow, I am just today; I'm not going to be good tomorrow, I'm good today; I'm not going to serve tomorrow, I'm going to serve today. Life is something else, we have to get our hands on life every day or else we're going to live forever in the past or in the future, but never live in the present.

111. Tomado del Eclesiástico: ¡Vuelve al Señor y deja ya de pecar!

La verdad es que Dios tiene una gran esperanza, sublime, única, difícil de describir, pues la inclinación que uno tiene como ser humano siempre es la supervivencia; pero usando la violencia para lograrlo, uno peca constantemente porque piensa que sobrevivir es aniquilar al otro.

Como pecador, tiene que ser lo suficientemente honesto para saber que está llamado a cambiar su vida. Si Dios le pregunta y ¿por qué pecas tú?, ¿cuál es tu afán en pecar?, mucha gente no tiene una respuesta sobre eso, sí usted la tiene, busque la manera de profundizarla; la mayoría de nosotros siempre justificamos el pecado, y no podemos de esa manera conquistar la gracia.

Que el Señor nos de ese deseo infinito de nunca perder Su amistad, de poder gozar siempre de Su compañía, y no solamente acordarnos de Él cuando tenemos problemas, sino acordarnos todos los días.

111. Taken from Ecclesiasticus: Turn to the Lord and have done with sin!

The truth is that God has great expectations, sublime, unique, difficult to describe, since the tendency that you have as a human being is always to survive; but by using violence to achieve it you are constantly sinning because you think that to survive is to annihilate the other.

As sinners, you must be honest enough to know that you are called to change your life. If God asks, why do you sin? Why do you want to sin? Many people don't have an answer, but if you have one, you should look for ways to deepen your understanding about it; most of us always justify sin, but by doing it we cannot conquer grace.

May the Lord give us the infinite desire to never lose His friendship; to be able to always enjoy His company, and to remember Him not only when we have problems, but to remember Him every day.

112. La reflexión está tomada del Evangelio según San Marcos,
Hay que cuidar de la levadura de los fariseos y saduceos.

¿Qué significa eso en nuestra vida diaria?, que debemos ir a lo fundamental, a lo principal, a lo que sostiene nuestra vida espiritual, a nuestra relación con Jesucristo el Señor, el resto es tradición y es por lo que los fariseos y saduceos peleaban constantemente, porque Jesucristo era una persona distinta a ellos en el sentido de sus tradiciones y costumbres.

Siempre criticaban a Jesucristo cuando anunciaba todas estas enseñanzas que hoy nos permiten vivir con libertad nuestra vida, y esto cultiva dentro del mundo religioso una mala costumbre, una mala manera de ser, que es la hipocresía.

La iglesia está en crisis, nosotros estamos en crisis, y hasta que no resolvamos, con esa levadura de la gracia de Dios, todo lo bueno que tenemos que hacer para dejarle a nuestros hijos una iglesia mejor, esta levadura de los fariseos que hemos tenido y cultivado, seguirá destruyendo la obra que por siglos mucha gente hizo para que nosotros le diéramos mayor plenitud y forma.

Esté atento, cuando vaya a tomar decisiones, de qué manera las toma y sí reflejan realmente su profundo sentido como cristiano y como católico.

112. This reflection is taken from the Gospel according to St. Mark,

We must beware of the yeast of the Pharisees and Sadducees.

What does this mean in our daily lives? That we must go back to basics, to what sustains our spiritual life, to our relationship with Jesus Christ the Lord, the rest is tradition and is what the Pharisees and Sadducees fought about constantly, because Jesus Christ was a different person to them in the sense of their traditions and customs.

Jesus was always criticized when He announced the teachings that enable us to live our lives freely, and this cultivates a bad habit within the religious world, a wrong way to be: hypocrisy.

The church is in crisis, we are in crisis, and until we solve, with the yeast of God's grace, all the good things we have to do to leave our children a better church, the yeast of the Pharisees that we had cultivated, will continue to destroy the work that many people did for centuries, so that we could give it more fullness and shape.

Be careful when taking decisions, how you take them, make sure they reflect your deep sense as a Christian and a Catholic.

113. Del Libro del Eclesiástico:

¡El que cumple mis mandamientos ofrece un gran sacrificio, un noble sacrificio!

Nosotros en la Iglesia y en el mundo en general, sentimos que cumplir la ley es algo desagradable; el vivir bajo la moral, es como una camisa de fuerza, uno se siente contrito, como preso de ésto, y eso lo vemos constantemente, en cómo los seres humanos violamos repetidamente las leyes y la vida en general.

Un caso de estos es la corrupción, esa complicidad de la gente con el que roba, con el que mal administra; el no darle plenitud a los valores que sostienen la ley, no nos permite a nosotros ser libres en realidad, me explico, preferimos violar la ley que cumplirla.

El sacrificio es fundamentalmente rechazar esa pésima costumbre de pensar que la ley fue creada para fastidiarme la vida, y que los valores son precisamente una explicación para que pueda portarme bien, porque si no, todo entonces estaría mal.

El mayor sacrificio del hombre es renunciar a su ignorancia; ignorar la ley e ignorar los valores es la muerte del ser humano.

113. The Book of Ecclesiasticus: One who follows the commandments offers communion sacrifices!

We in the Church and in the world in general, feel that to follow the law is unpleasant; to live morally is a straitjacket, we feel contrite, prisoner, and this is what we constantly see, how human beings constantly violate the laws and life in general.

A case in point is corruption, the complicity with people who steal, with those who mismanage, not giving wholeness to the values that uphold the law, all of this does not allows us to be really free, I mean, we prefer to break the law than to comply with it.

The sacrifice is fundamentally rejecting this terrible habit of thinking that the law was created to annoy my life, and that values are just an explanation for me to behave because if I don't, then everything would be wrong.

The greatest sacrifice of man is to renounce his ignorance; to ignore the law and to ignore values is the death of a human being.

114. **La reflexión está tomada del Libro del Eclesiástico:**

Que todas las naciones te reconozcan como un solo Dios, único y verdadero.

El ser humano tiene una serie de interpretaciones acerca de quién es Dios, y a lo largo de la historia el hombre ha descrito esa relación que existe con este ser que es Dios.

Sin embargo, muchas veces premiamos más lo que entendemos o conocemos de esa investigación, que del Dios mismo, vivo y verdadero. Con esto quiero decir que Dios es un elemento existencial real en la vida del ser humano, y cuando nosotros simplemente pensamos que mi Dios si es verdadero y el tuyo no, en ese momento yo le estoy negando la universalidad a un elemento que sin lugar a dudas es distinto al hombre, y le habla al hombre de diversas maneras.

Nosotros no podemos seguir cultivando esa ausencia de diálogo entre las religiones, entre los cultos. A mí me impresiona como por ejemplo un católico no quiere saludar a un testigo de Jehová, un testigo de Jehová no quiere saludar a un católico. Ese tipo de tonterías en la que nos encontramos inmersos radica fundamentalmente en la falta de conocimiento y respeto de este ser que está aquí, que es Dios, que es universal y único para todos los hombres.

114. **This reflection is taken from the Book of Ecclesiasticus:**
That all nations recognize you as the one God, the one true God.

Human beings have a number of interpretations about who God is, and throughout history man has described this relationship with this being who is God.

However, many times we reward more what we understand or know from that interpretation, than from the living and true God himself. By this I mean that God is a real existential element in the lives of human beings, and when I say that my God is real and yours is not, then I am denying the universality to an element that without a doubt is different from man, and speaks to man in different ways.

We cannot continue to cultivate this lack of dialogue between religions, between cults. I am impressed by how a Catholic does not want to say hello to a Jehovah's Witness, a Jehovah's Witness does not want to say hello to a Catholic. That kind of nonsense in which we are engaged mainly lies in the lack of knowledge and respect of this being that is here, that is God, who is universal and unique for all men.

115. La reflexión es del Libro del Eclesiástico: ¡Señor danos sabiduría!

La sabiduría es un don de Dios, es como Dios se abre para que cada uno de nosotros pueda disfrutarlo. El tema es que muchas veces, para nosotros Dios se ha convertido en un dolor de cabeza, porque no nos deja ver la novela, no nos deja ir al teatro, no nos deja ir al parque, cómo si Dios le quitara a uno esa condición tan hermosa, de encontrar belleza en su búsqueda.

Lamentablemente, tenemos esa inclinación de pensar que la sabiduría es cultivar la mayor cantidad de información posible en el cerebro, cuando en realidad no consiste en otra cosa que contemplar la verdad, y si usted no contempla a Dios, entonces pídale a Dios la gracia de poder así verlo en su vida, y si usted no contempla a Dios en su vida, pídale a Dios la gracia de poder verlo en la realidad.

La sabiduría es un don, es un regalo de Dios, es como Dios se manifiesta al ser humano, y conociéndose a sí mismo, también el ser humano es capaz de encontrar una dimensión muy profunda, que en filosofía se llama trascendencia, y sin trascendencia el hombre es un digito, es un absurdo.

115. This reflection is from the Book of Ecclesiasticus:
Lord, give us wisdom!

Wisdom is a gift from God; it is how God opens up so that each of us can enjoy Him. The point is that many times, for us God has become a headache because He does not allows us to watch the Soap Opera, nor go to the theater, does not let us go to the park, as if God would remove from us that beautiful condition to find beauty in the search.

Unfortunately, we have the tendency to think that wisdom is to cultivate as much information as possible in the brain, when in reality it is nothing more than contemplating the truth, and if you do not contemplate God, then ask God's grace so as to see him in your life, and if you do not contemplate God in your life, ask God for the grace to see Him in reality.

Wisdom is a gift, a gift from God, it is the way God is manifested to man, and knowing himself, man is also able to find a very deep dimension, which in philosophy is called transcendence and without transcendence man is a number, an absurdity.

REV. ALEXIS BASTIDAS

116. La reflexión está tomada del Evangelio según San Mateo:
¡Construyan su casa sobre roca y no sobre arena!

Este es un texto que se usa mucho en las bodas, pero debería reflejar más bien esa dimensión personal de que si construyo mi vida sobre arena, cualquier cosa la puede destruir, si construyo mi vida sobre valores, sobre virtudes, puedo vencer la adversidad o por lo menos caerme a golpes con ella; lo triste es, que hoy día el hombre está indefenso ante la adversidad, y ésta se lo come, y no tiene como reaccionar ante esa gran calamidad, Vivimos asustados por los huracanes, por los terroristas, pero no vivimos asustados por la gran pereza espiritual, que hace que el hombre se convierta en un ser prácticamente inútil, ¿hasta cuándo nosotros vamos a vivir de esa manera?, lo importante siempre será el que uno pueda definir en su vida, ¿quién es?, saber ¿para qué le sirve a uno su vida?, entender el tiempo.

El tiempo no es algo que uno ve en el almanaque que guinda en la pared, no, el tiempo es algo serio, nace con uno y se muere con uno, así que no podemos decir que no tenemos tiempo, uno tiene todo el tiempo que necesita para vivir, por cuya razón uno debe ser mucho más exigente con uno mismo, y dejar de estar exigiendo a los demás lo que no nos exigimos a nosotros.

BEHOLD! THE DIVINE! / ECO DIVINO

En realidad, ¿quién es el que hace posible que las cosas funcionen?, el hombre, ¿cómo hace que las cosas funcionen en la familia?, y ¿cómo hace que un vecindario funcione? bueno, porque la familia se pone de acuerdo, y ¿cómo se sale de todas esas circunstancias difíciles en la vida?, trabajando juntos, y si no hace eso ahora, ¿cuándo lo va a hacer?, y ¿por qué uno lo hace?, porque una persona que construye su vida con valores y virtudes, sabe que la adversidad es un animal feroz, que está esperando en la esquina para comérselo, y si uno no busca realmente enfrentarlo, definitivamente uno termina en sus garras, de ahí que las personas virtuosas tienen la capacidad de caerse a golpes con la adversidad y salir al frente, tener por lo menos o dejarle a su familia un buen ejemplo.

116. This reflection is taken from the Gospel according to St. Matthew: Built your house on rock, not sand!

This is a text that is widely used in weddings, but rather it should reflect the personal dimension that if I build my life on sand anything can destroy it, if I build my life on values, on virtues, I can overcome adversity or at least fight it; the sad thing is that today man is helpless in the face of adversity, and it beats him and he knows not how to respond to this great calamity, we live scared of hurricanes, of terrorists, but do not live frightened by the great spiritual laziness that makes man become virtually useless. How long are we going to live that way? What's important is that we will always be the ones to define in our lives who we are, to know what life is good for, and to understand time.

Time is not something you see in the almanac on the wall, no, time is serious, we are born with it and die with it, so we cannot say we have no time, we have all the time we need to live, and for that reason we should be much more demanding of ourselves, and stop requiring of others what we do not require of ourselves.

BEHOLD! THE DIVINE! / ECO DIVINO

In reality, who makes things work? Man. How do you make things work in the family, and how do you make a neighborhood work? Well because the family comes to an agreement, and how do you come out of all these difficult circumstances in life? Working together, and if you not do that now, when will you do it? And why do we do it? Because someone who builds a life on values and virtues knows that adversity is a ferocious animal that is waiting in the corner to beat us, and if we do not confront it, we end up in its claws; hence virtuous people are capable of beating adversity and come out ahead, leaving at least a god example for our families.

117. La reflexión está tomada del Libro de Tobías.
El mal como la muerte nos pasa a todos.

Tobías seguía el camino del bien, y ustedes conocen la historia de Tobías, lo mal que le fue, tan mal le fue que la única manera de hacerlo sentir bien fue que le consiguieron una esposa, de resto todo le iba mal al pobre Tobías.

Una pregunta que uno se hace, ¿por qué a la gente buena le pasan cosas malas?, entonces yo le respondo, porque nosotros somos maldicientes, siempre estamos hablando de las cosas malas que nos pasan, pero nunca hablamos de las cosas buenas que nos suceden, es decir, al ser humano le pasan cosas buenas y cosas malas, pero las únicas cosas de las cuales habla, son de las cosas malas que le pasan.

Y ¿por qué nos pasan cosas malas?, porque el ser humano es parte de una realidad, en la que el mal y el bien existen, y uno es sujeto de esa dinámica, el ignorarlo sería absurdo; todos nosotros somos sujetos del dolor del sufrimiento, de todas esas circunstancias, que nos pasan porque somos seres humanos, de lo contrario no nos pasarían.

117. The reflection is from the Book of Tobias. Evil as death happens to everyone

Tobias followed the path of righteousness, and you know the story of Tobias, how bad everything was for him; it was so bad that the only way to make him feel good was that they found him a wife; otherwise everything went wrong for the poor Tobias.

A question we ask is, why do bad things happen to good people?, Then I answer, because we are slanderers and we are always talking about the bad things that happen to us, but we never talk about the good things that happen, that is, good and bad things happen to human beings, but we only speak about the bad things that happen.

And why do bad things happen to us? Because the human being is part of a reality, in which goodness and evil exist, and we are the subject of this dynamic, it would be foolish to ignore it, we are all subject to pain and suffering, all of these circumstances happen to us because we are human beings, otherwise they wouldn't.

118. La reflexión está tomada del Evangelio según San Marcos:
Dar al César lo que es del César y a Dios lo que es de Dios.

En otras palabras, dale a la realidad lo que es de la realidad en el sentido temporal, material, de las cosas, y dale a Dios lo que es de Dios, tu tiempo, tu amor, tu devoción, tu cariño, tu trabajo, tu servicio.

Cumplía años un amigo, y recuerdo que le escribí un cuento, decía que el diablo estaba yendo al psiquiatra porque había perdido su misión en el mundo; el gran problema del diablo es que él quiere ser Dios, y cuando se dio cuenta que mucha gente quería lo mismo, se podrán imaginar la crisis que le dio.

Y de ¿dónde viene esa crisis? viene de que el hombre en lugar de amarse a sí mismo, se adora a sí mismo, ese texto nos llama a reflexionar sobre ésto, basta de egoísmo, basta de tanta vanidad, porque todas las cosas que nosotros justificamos, nacen allí.

BEHOLD! THE DIVINE! / ECO DIVINO

118. **This reflection is taken from the Gospel according to St. Mark.**
Give to Caesar what is Caesar's, and to God what is God's.

In other words, give to reality what belongs to reality in the sense of time, material things, and give to God what belongs to God, your time, your love, your devotion, your care, your work, your service.

It was a Friend's birthday, and I remember I wrote to him a story saying that the devil was going to a psychiatrist because he had lost his mission in the world; the great problem the devil has is that he wants to be God, and when he realized that many people wanted the same thing, he had a great crisis.

And where does this crisis come from? It comes from man who instead of loving himself, adores himself, this text calls on us to reflect about this, no more selfishness, no more so much vanity, because all the things that we justify, are born there.

REV. ALEXIS BASTIDAS

119. La reflexión está tomada del Evangelio según San Lucas:
¡El que pierda su vida por el Evangelio la salvará!

Tengo historias personales con respecto a ésto, vi gente en el Amazonas evangelizar por amor, vi gente entrar a una siderúrgica a evangelizar por amor, pero también he visto en la vida a mucha gente, que es incapaz de asumir en un momento determinado las verdades del Evangelio, porque nos da miedo, porque somos cobardes, porque pensamos más en el qué dirán que en lo que Dios está esperando de nosotros en ese momento, como si los demás nos van a salvar, o como si el juicio ajeno es la verdad de la vida, es triste, pero así somos.

Por fortuna tengo amigos que me conocen, que son mis benefactores, y ellos saben cómo es la vida en general, pero hay otra gente que cuando uno los visita, al final le preguntan: Padre ¿necesita algo?, para meterse la mano en el bolsillo y darle a uno dinero, como si el oficio de los curas es pedir dinero, y eso es profundamente triste, pero es así.

La Iglesia y muchos católicos salieron al mercado de la vida y compraron miedo, compraron hipocresía, mucha gente católica como nosotros salió al mercado de la vida y le dio vergüenza, y compró vergüenza, pero no vergüenza de la buena, sino la de decir soy católico y voy a misa los domingos porque qué dirán, o si va a misa los domingos, vergüenza de que le digan: ¿y tu todavía vas a misa los domingos?

BEHOLD! THE DIVINE! / ECO DIVINO

119. **This reflection is taken from the Gospel according to St. Luke:**
Whoever loses their life for me will find it!

I have personal stories about this, I saw people in the Amazon Jungle evangelizing for love, I saw people go into a steel mill evangelizing for love, but I've also seen many people, who are unable to assume at any given time the truths of the gospel, because we are afraid, because we are cowards, because we think more about what people will say, than what God is expecting of us in that moment, as if others are going to save us or as if the judgment of others is the truth of life, it's sad, but that's the way are we.

Fortunately, I have friends who know me, who are my benefactors, and they know what life is like in general, but there are other people that when you visit them, at the end they ask, Father, do you need anything? Then they reach for their pockets and give you money, as if the job of the priests is asking for money, and that is sad, it is profoundly sad, but true.

Fear, the Church and many Catholics went to the market of life and bought fear, bought hypocrisy, many Catholic people like us went to the market of life and bought shame and felt ashamed, but not the good kind of shame, but one that makes you say that I am Catholic and I go to church on Sunday because of what people may say, or go to Mass on Sundays, and are ashamed to be asked, and you still go to Mass on Sundays?

120. La reflexión está tomada del Libro de Isaías:
¡Este es el ayuno que yo quiero!

¿Qué tipo de ayuno?, la idolatría, nosotros hacemos ídolos para no adorar y contemplar a Dios, no tenemos esa convicción real de amar a Dios, de contemplar a Dios, y por eso llenamos nuestra vida de toda esa cantidad de ídolos que reflejan en el fondo mi inconsciente. Cada día, el hombre se arrodilla ante el hombre, y no ante Dios, ¡qué triste!, ¿qué puede hacer uno?, darse cuenta y saber que Dios es un ser profundamente generoso, que no es un policía, que no me va a castigar, porque aquella manía de que Dios existe sólo para castigar, fue un invento de unos cuantos hombres frustrados en la historia, porque no puede ser, que Dios que nos ama de tal manera, procure solamente castigarnos.

¡Dios nos ama! Y Dios es Maestro, el maestro no castiga, el maestro enseña.

120. This reflection is taken from Isaiah: This is the fasting that I wish!

What kind of fasting? Idolatry, we build idols so that we don't have to worship and contemplate God. We don't have that real conviction to love God, to contemplate God, so we fill our lives with idols, which at the end reflect in our unconsciousness. Each day, man kneels before man, and not before God, how sad, what can we do? Realize and know that God is profoundly generous, that He is not a policeman, that He is not going to punish us, because this mania that God exists only to punish was an invention of some frustrated men in history, because that cannot be, that if God loves us so, He can't be there just to punish us.

God loves us! And God is a teacher, a teacher does not punish, the teacher teaches.

121. La reflexión está tomada del Evangelio según San Lucas:

¡No he venido a buscar a los justos, sino a los pecadores!

Me siento feliz de esa enseñanza, porque soy un pecador igual que usted, y me siento feliz de que Dios me ha dado herramientas para que desde mi pecado pueda conseguir la gracia. Es triste cuando uno piensa que es mejor que los demás, porque nadie es mejor ni peor que los demás, el ser humano es lo que es.

Sugiero que en la vida espiritual, seamos muy honestos, uno sabe que tiene la capacidad de hacer el mal y de hacer el bien, hay días en que uno hace sufrir a las personas, y pretende que ellas asuman nuestro sufrimiento, porque yo soy yo, ¿quién soy yo?, soy vanidad, egoísmo, soberbia, y todas esas cosas.

Y ¿qué puedo hacer?, ser consciente siempre de que cuando tomo una decisión, o digo algo, saber qué es lo que estoy haciendo.

No en vano, en la antigüedad nos enseñaron aquella oración, de perdóname los pecados de pensamiento, de palabra, de obra y de omisión. Si nosotros somos gente de espiritualidad, gente de seriedad, vamos a encontrar grandes recursos para nunca hacer sufrir a los demás y evitar el mal que pueda hacer hacia los demás.

121. The reflection is taken from the Gospel according to St. Luke:
I have not come to call the righteous but sinners!

I am happy about this teaching, because I am a sinner like you, and I am happy that God has given me tools to make it possible from sin to achieve grace. It's sad when you think you are better than others because no one is better or worse than the others, the human being is what it is.

I suggest that in spiritual life, let's be very honest, you know you have the ability to do evil and to do good, some days you make people suffer, and want them to assume our suffering, because I am myself, who am I? I am vanity, selfishness, pride, and all those things.

And what can I do? Always be aware that when you make a decision, or say something, you know what you are doing.

Not surprisingly, in ancient times we were taught the prayer: forgive me for the sins of thought, word, deed and omission. If we are spiritual people, serious people, we will find great resources to never hurt others and avoid the evil we can do to others.

122. El don de Dios, supera todo delito.

Tomada de la Carta de San Pablo a los Romanos.

En mi vida sacerdotal Dios me ha dado una gran bendición, y es que la mayoría de las personas a las que sirvo como Director Espiritual son hombres y hombres de cierta edad muchos de ellos, y una de las grandes enseñanzas que he encontrado en el Evangelio para que ellos puedan de alguna manera mejorar su vida, es precisamente encontrar en estas palabras, el consuelo, la misericordia y la esperanza de hacer una vida mejor.

No porque tome malas decisiones ha perdido totalmente su vida, a uno le queda el consuelo de Dios, la sabiduría de Dios, el amor de Dios, el perdón de los pecados de parte de Dios. Y para poder entender eso hay que ser pecador de verdad, saber lo grande y profundo que es Dios, que a pesar de haber hecho semejantes cosas, El me ama, espera mi arrepentimiento real y una conducta acorde con ello y me da la satisfacción y la esperanza de no ser precisamente una persona que no tiene vida o futuro.

Por eso esa enseñanza, tan simple pero tan real, es tan importante para nosotros entender, que a pesar de que queremos hacer las cosas bien, a veces no las hacemos bien, de que queremos hacer las cosas de acuerdo a las enseñanzas de Dios y las hacemos de acuerdo a nuestras propias enseñanzas, y por eso tenemos los problemas que tenemos; sin embargo, estoy seguro, porque lo he visto en mi ministerio sacerdotal, que la misericordia de Dios es más grande y poderosa que la culpa por los pecados que uno comete o por las decisiones que uno toma.

122. God's grace surpasses our many sins.
From St. Paul's Letter to the Romans.

In my life as a priest, God has given me a great blessing, and that is that most people I serve as spiritual director are men and many of them men of a certain age, and one of the great teachings I have found in the Gospel, so that they can somehow improve their lives, is precisely found in these words, comfort, mercy and hope to make a better life.

Not because we have made poor decisions we have completely lost our lives, we still have the consolation of God, the wisdom of God, the love of God, the forgiveness of our sins from God.

And to be able to understand this you have to be a real sinner, to know how big and deep God is, that despite having done such things, God loves us, waits for our real repentance and a behavior consistent with it, and gives us satisfaction and hope of not to be precisely a person who has no life or future.

That is why this teaching, so simple but so real, it's so important for us to understand, that although we want to do things right, sometimes we don't do them right, we want to do things according to the teachings of God and we do them according to our own teachings, and so we have our problems; but I'm sure, because I have seen it in my ministry, God's mercy is bigger and more powerful than the guilt from the sins we commit or the decisions we make.

123. La reflexión está tomada del Evangelio según San Mateo,
Orar exige intimidad.

En la medida que uno va entendiendo el Padre Nuestro se da cuenta que esa es la universidad de la vida; lo reza de memoria porque lo aprendió de niño, pero si meditara sobre una pequeña frase, sería suficiente para iluminar la vida espiritual de cada uno de nosotros. Si Dios es nuestro Padre, todos debemos ser hermanos, y cómo puedo fomentar la fraternidad en mi casa o fuera de mi casa, en mi trabajo. De tal manera que les recomiendo a todos ustedes que cuando recen el Padre Nuestro no lo hagan como en la misa del domingo o cuando reza el rosario, medite el Padre Nuestro y le garantizo que muchos aspectos oscuros de su vida espiritual tendrán otro aspecto después de esa meditación.

123. This reflection is taken from the Gospel according to St. Matthew,
To pray demands intimacy.

To the extent that we understand the Lord's Prayer we realize that this is the university of life; we pray it from memory because we learned it as children, but if we meditate over a small phrase, it would be enough to illuminate the spiritual life of each one of us. If God is our Father, we should all be brothers, but how I can promote brotherhood at home or outside my house in my work? I recommend to all of you, that when you pray the Lord's Prayer do not do it like in Sunday mass or when praying the rosary, meditate the Lord's Prayer and I guarantee that many dark aspects of your spiritual life will have another appearance after that meditation.

REV. ALEXIS BASTIDAS

124. La reflexión está tomada del Evangelio según San Lucas:
¡No tendrán otra señal sino la de Jonás!

La gran enseñanza de Jonás es que uno debe convertirse, debe entender el cambio de su vida, y si no conoce el mal que es capaz de hacer, y el mal que hace, ¿cómo puede cambiar?, y en ese sentido bajar a la parte oscura de cada uno de nosotros y reconocer que muchas veces con lo que decimos o no decimos, con lo que hacemos o no hacemos, contribuimos precisamente a crear dolor y sufrimiento, no solamente en nuestra vida sino en la vida de los demás.

La señal de Jonás requiere reconocer eso, entender que el ser humano necesita cambios profundos en la percepción de sí mismo y de los demás, y la mejor manera de hacerlo es reconocer el mal que uno hace o intenta hacer y sobre todo conocer el bien que uno es capaz de hacer y la fuerza con la cual uno puede transformar su vida.

La gran señal de Jonás para nuestro tiempo es la Conversión, y nos dice que hay que reconocer el mal que somos capaces de hacer para inspirarse en el bien que uno está llamado a hacer y hacerlo todos los días. La Conversión no es un asunto mágico, la conversión consiste en entender que tenemos la posibilidad de ser mejor todos los días.

BEHOLD! THE DIVINE! / ECO DIVINO

124. **Today's reflection is taken from the Gospel according to St. Luke:**
"The only sign it will be given is the sign of the prophet Jonah."

The great lesson of Jonah is that we must convert, we must understand the change in our lives and if we don't know the evil that we are capable of doing and the evil that we do, how can we change? In this sense, going to the dark part of each one of us and recognizing that many times in what we say or we do not say, in what we do or not do, we contribute precisely to create pain and suffering, not only in our lives but in the lives of others.

The sign of Jonah requires us to acknowledge that, to understand that the we as human being need deep changes in the perception of ourselves and of others, and the best way to do this is to recognize the evil we do or try to do, and above all to know all the goodness that we are capable of doing and the strength with which we can transform our lives.

The great sign of Jonah for our time is conversion, and he tells us that we must recognize the evil that are capable of doing to draw on the goodness that we are called to do and do it every day. Conversion is not a something magical; conversion is to understand that we are able to be better every day.

REV. ALEXIS BASTIDAS

125. El comentario está tomado del Evangelio según San Mateo:
¡Todo el que pide recibe!

La pregunta es: ¿qué es lo que uno le pide al Señor?, la mayoría de nosotros suele invertir todo el tiempo que tiene con Dios, en leer una especie de periódico de noticias en las cuales todo es para mí, para mí, y para mí y nada para los demás; y fundamentalmente refleja cómo nosotros, desde nuestro profundo egoísmo, nos dirigimos a Dios para que Él nos resuelva todos nuestros problemas.

En cambio cuando uno realmente se acerca al Misterio de Dios, ¿qué es lo primero que le puede pedir a Dios? amor, en segundo lugar sabiduría, ¿para qué? para poder iluminar nuestra vida, y usted me va a decir: Padre y ¿para qué le sirve a uno estar ilustrado?, en la manera en que entiende su vida, en esa manera deja de ser egoísta, y entonces el egoísmo comienza a morir y el ser humano es capaz de ser compasivo, misericordioso, y de crecer. De lo contrario, nosotros siempre vamos a querer gobernar a todas las personas que están a nuestro alrededor, que piensen como nosotros, que recen como nosotros, que hablen como nosotros, y al final cuando alguien no lo hace así, inmediatamente hacemos un juicio sobre ellos.

Por tanto, pedirle a Dios no consiste solamente en pedirle que le resuelva a uno los asuntos que uno tiene pendiente, es conocerlo, disfrutarlo y gozar de su belleza.

BEHOLD! THE DIVINE! / ECO DIVINO

125. **This commentary is taken from the Gospel according to St. Matthew:**
Everyone who asks receives!

The question is, what is it that we ask the Lord? Most of us usually spend all the time we have with God, reading a sort of newspaper in which everything is for me, for me, and for me and nothing for other people; and this essentially reflects how we, in our deepest self, turn to God so that He will solve all our problems.

However when we actually get close to the mystery of God, what's the first thing you can ask God? Love; in the second place: wisdom, what for? to be able to illuminate our lives, and we're going to say: Father and what good is it to be illustrated?, in the way you see your life, in the way we cease to be selfish, and then selfishness begins to die and the human being is able to be compassionate, merciful, and is able to grow.

Otherwise, we will always want to rule over those around us, so that they think like us, pray like us, talk like us and at the end when someone fails to do so we immediately make a judgment about them.

Therefore asking God is not just asking Him to solve our pending issues, it is to know Him, enjoy Him and to enjoy His beauty.

126. La reflexión está tomada del Evangelio según San Mateo:
¡Ve y reconcíliate con tu hermano y luego lleva la ofrenda al altar!

Una de las grandes tragedias del ser humano es no entender lo que es perdonar y respetar la naturaleza misma.

Todos nosotros somos imperfectos y en nuestra imperfección reconocemos al otro, sin embargo, obramos de una manera totalmente distinta, pasamos la mayor parte del tiempo distanciándonos del otro, creando mecanismos para ser distintos del otro, en lugar de vivir en comunión, en armonía, en fraternidad.

Y sí ustedes me preguntan: Padre y ¿dónde está el paraíso?, el paraíso está en el alma del ser humano que es capaz de entender lo que es vivir en armonía con Dios, con el universo y con el ser humano.

Uno debe buscar precisamente la comunión, la unidad, la armonía, el equilibrio, ¡somos la tierra!, Dios nos hizo de la tierra, y somos una sola cosa, sin embargo, siempre estamos moviéndonos en direcciones totalmente opuestas, para ser importantes, para ser más importantes que los demás.

126. This reflection is taken from the Gospel according to St. Matthew:
First be reconciled with your brother, and then come and present your offering.

One of the great tragedies of mankind is not understanding what forgiveness is and respecting nature itself.

We are all imperfect and in our imperfection we recognize the other, however, we act in a completely different way, we spent most of the time distancing from the other, creating mechanisms to be different than the other, instead of living in communion, harmony, in fraternity.

And if you ask me, Father, where is paradise? Paradise is in the soul of the human being that is able to understand what living in harmony with God, with the universe and with other human beings is.

We must seek communion, unity, harmony, balance, we are the earth! God made us from the earth and we are one, however, we are always moving in completely opposite directions, to be important to be more important than others.

127. Tomada de la Carta de San Pablo a los Romanos:

¡Esperar contra toda esperanza como Abraham!

He llegado a la conclusión, de que la mayoría de nosotros los católicos, no entendemos lo que es la esperanza, y lo digo porque el reflejo y la vida de la Iglesia en el mundo contemporáneo, lejos de crecer, sufre precisamente de la desidia, de la falta de trabajo, de la falta de visión, de la falta de compromiso.

Esperar significa trabajar, entender la vocación a la cual cada uno de nosotros ha sido llamado, entender lo que es vivir a la luz del Evangelio, entender para qué sirve la gracia, porque la gracia le da a uno el poder de transformar su vida y la realidad en la que uno se encuentra.

No pierdas el tiempo criticando a los demás, revísate a ti mismo, y busca la manera cómo tú realmente has ayudado a Nuestro Señor Jesucristo a servir mejor a la humanidad.

127. From the Letter to the Romans:
Against all hope, Abraham in hope believed!

I have come to the conclusion that most of us Catholics do not understand what hope is, and I say this because the reflection and the life of the church in the modern world, far from expanding, suffers precisely from negligence, of lack of work, lack of vision, lack of commitment.

Hope means to work, to understand the vocation to which each of us has been called, to understand what it is to live in the light of the gospel, to understand what grace is for, because grace gives us the power to transform our present life and the reality which one encounters.

Do not waste time criticizing others, look to yourself, and look for the way you've really helped our Lord Jesus Christ to better serve humanity.

128. Del Evangelio según San Lucas: ¡Perdonen y serán perdonados!

Si algo puede identificar a un ser civilizado, culto, es el perdón. Nosotros pensamos que el perdón es un asunto religioso, y no lo es, es un asunto de inteligencia, de conciencia.

Por tanto, para perdonar, uno más que religión necesita entender su propia naturaleza, de manera que uno deje de cultivar el egoísmo, ese yo frustrado infantil, que se regodea en las sombras del alma de cada uno de nosotros y que apenas busca la oportunidad de vengarse, encuentra en ello solicitud, paz, y armonía; triste el espíritu y el alma que vive así, porque sabe cuál es el paraíso del ser humano?, su alma, ¿por qué?, porque allí es donde Dios se revela, pero allí también es donde el maligno hace su casa.

128. From the Gospel according to St. Luke: Forgive, and you will be forgiven.

If something can identify a civilized and educated person, is forgiveness. We think that forgiveness is a religious matter, and no, it is a matter of intelligence, of conscience.

Therefore, to forgive we need to understand our own nature more than religion itself, so that we stop cultivating selfishness, that inner frustrated child who basks in the shadows of the soul of each one of us, and when he has the opportunity of revenge, finds in it, kindness, peace, and harmony; sad is the spirit and the soul that live this way because do you know where is the paradise for the human being?, in his soul, why?, Because that's where God is revealed, but that is also where the evil makes its home.

129. La reflexión está tomada del Evangelio según San Mateo,

La reconciliación del ser humano con Dios.

Me impresiona mucho cuando he leído a Santa Teresa de Ávila, en "El Camino a la perfección", como la falta de humildad no nos permite entender el sacrificio de Jesucristo en la cruz. Los exhorto a buscar en internet a Santa Teresa, traten de estudiar un poco, de buscar luces, para poder entender cómo nuestra vida cambia precisamente por el sacrificio de nuestro Señor Jesucristo en la cruz.

No hay cosa más hermosa en la vida, que sentir el perdón de los pecados, sentir que tiene un alma limpia, pura, que puede disfrutar con gozo de la presencia de Dios, y todo eso viene dado, por el sacrificio de Nuestro Señor Jesucristo en la cruz. Pero hemos olvidado la gran riqueza espiritual que nace de un alma humilde, que es capaz de celebrar cómo Jesucristo nos levantó de la muerte y nos dio la vida, que Jesucristo en su infinita misericordia murió por nuestros pecados y nos hizo libres, para tener una vida mejor.

129. This reflection is taken from the Gospel according to St. Matthew,

The reconciliation of the human being with God.

I am very impressed when I read St. Teresa of Avila's, "The Way of Perfection," and how the lack of humility does not allow us to understand Christ's sacrifice on the cross. I urge you to search the internet for Santa Teresa; try to study her, to seek the light in order to understand how your life changes for the sacrifice of our Lord Jesus Christ on the cross.

There is nothing more beautiful in life than to feel the forgiveness of sins, to feel that our soul feels clean, pure, that we can enjoy the pleasure of God's presence, and all that is given to us by the sacrifice of Jesus Christ on the cross. But we have forgotten the spiritual wealth that comes from a humble soul who is able to celebrate how Jesus Christ raised us from the dead and gave us life, in His infinite mercy Jesus Christ died for our sins and set us free to have a better life.

130. La reflexión está tomada del Profeta Jeremías:

¡Bendito el hombre que confía en el Señor!

Esta frase está acompañada de otra, de maldito el hombre que confía en el hombre, y la historia así lo dice, cuando el hombre deposita toda su confianza en el ser humano, por lo general queda defraudado.

La gran lección de Jeremías es, si tú confías en el Señor, sabrás tomar las mejores decisiones posibles, pero, sí no confías en el Señor vas a terminar haciendo negocios con el peor de todos, y eso es lo que ha sucedido realmente con la humanidad, que hemos aprendido, de alguna manera, a confiar en el dinero y no precisamente a confiar en la gracia que nos da Dios, para transformar la realidad.

No olvidar nunca que el gran secreto de la vida, es saber confiar en Dios, para poder así, entender cuál es el misterio que nos lleva a cultivar una mejor relación con los demás.

130. This reflection is taken from the Prophet Jeremiah:

Blessed is the man who trusts in the Lord!

This phrase is accompanied by another: Cursed is the one who trusts in man! And history tells us, when man puts all his trust in humans, he is usually disappointed.

The great lesson of Jeremiah is, if you trust the Lord, you know how to make the best decisions possible, but if you do not trust the Lord you will end up doing business with the worst of all, and that is what has actually happened with humanity, we have learned somehow, to rely on money and not just to rely on the grace that God gives us to transform reality.

Never forget that the great secret of life is to know how to trust God, to understand the mystery that leads us to cultivate a better relationship with others.

131. La reflexión está tomada del Evangelio según San Lucas:
¡Concebirás y darás a luz un hijo!

Esto se refiere precisamente al Misterio de la Encarnación, ¿qué fue lo que hizo que se transformaran las religiones en el mundo occidental?, este Misterio, que Dios se hizo hombre para salvarnos. ¿Es antiguo ésto?, no totalmente, el Faraón se hizo dios, César se hizo dios, todos los emperadores romanos se creían que eran dios, el tema es, que no todos ellos trajeron la salvación, y por eso el Gran Misterio y la transformación de la vida espiritual de Occidente nace en este gran acontecimiento, de que Dios realmente se reveló como un ser humano en Cristo Jesús y nos enseñó el Camino, la Verdad y la Vida.

131. This reflection is taken from the Gospel according to St. Luke:
You will conceive and give birth to a son!

This refers precisely to the mystery of the Incarnation, what is it that made religions to be transformed in the Western world? This mystery, that God became man to save us. Is this ancient?, Not totally, the Pharaoh became god, Caesar became god, all the Roman emperors believed they were gods, the issue is that not all of them brought salvation, and therefore the Great Mystery and the transformation of the spiritual life of the West was born of this great event, that God really revealed himself as a human being in Jesus Christ and showed us the Way, the Truth and Life.

132. Del Evangelio según San Lucas:

Tú hermano estaba muerto y ha vuelto a la vida.

Esa parábola es tan grande, tan hermosa, tan profunda, y habla de tantos aspectos de la vida, que el que nos ocupa es la envidia.

Lamentablemente, no terminamos de celebrar el éxito ajeno, la calidad de vida del otro y siempre estamos cultivando resentimiento, porque envidiamos al otro, y lo triste es que uno no lo reconoce, la envidia ocupa todos los estratos de la vida del ser humano, los de alto poder, los de medio poder y los del mundo en general.

La mayoría de nosotros, desde niño ha cultivado la envidia, hay un mandamiento que nosotros aprendemos cuando vamos a hacer la Primera Comunión, que está relacionado con la envidia. La envidia, genera muchos pecados mortales, como hablaban los padres antiguamente, que nadie confiesa, pero cuyo dolor se refleja en la sociedad, desde arriba hasta abajo.

132. Taken from the Gospel according to St. Luke:
Your brother was dead and is alive again.

This parable is so big, so beautiful, and so deep and speaks about so many aspects of life, but I am going to talk about envy.

Unfortunately, we never end up celebrating the success of others, the quality of life of others and are always cultivating resentment, because we envy the other, and the sad thing is that we do not recognize it, envy takes all strata of human life, those with high power, medium power and the world at large.

Most of us, since childhood have cultivated envy, there is a commandment that we learn when we go to First Communion and is associated with envy. Envy, generates many mortal sins, as parents once spoke, that no one confesses but whose pain is reflected in society, from top to bottom.

133. La reflexión está tomada del Evangelio según San Juan,
Jesús es la fuente de gracia que no termina.

El tema es la Gracia, la mayoría de nosotros no entendemos lo que es la gracia.

La gracia es como esa energía, ese poder que Dios nos da, para poder transformar nuestra naturaleza humana en algo superior, en algo trascendente; si usted no trasciende, es como un animalito del monte, porque la verdadera fuente de la trascendencia del ser humano es su alma y con la gracia de Dios, con esa energía, el hombre desarrolla una visión de lo que es su vida en el futuro.

¿En qué pueblos tenemos desarrollos musicales, artísticos, que permitan a los niños expresar ese llamado que tiene el hombre a la trascendencia?, desde la primera pintura que hizo en una caverna el hombre reflejó el arte, ahora no, no tenemos eso, ¡ah!, ¿por qué?, porque no hay presupuesto, no hay quien lo enseñe, se va a morir de hambre si ese muchacho pinta y si es músico se vuelve borracho, a eso hemos llegado, entonces, ¿qué podemos hacer nosotros en nuestra vida?, primero rescatar la trascendencia, aprender a rezar, aprender a meditar, a estudiar, y después enseñarle a nuestros hijos lo importante que es la trascendencia, que uno es capaz de superar todos los retos que se le plantean en la vida, y que con la ayuda de Dios, con esa fuente de la vida eterna que es la gracia, nosotros podemos alcanzar la trascendencia del ser humano.

133. This reflection is taken from the Gospel according to St. John,
   Jesus is the source of grace that never ends.

The subject is Grace; most of us do not understand what grace is.

Grace is like that energy, that power that God gives us to transform our human nature into something higher, something transcendent, if you do not transcend it is like a little creature from the mountain, because the true source of transcendence of the human being is the soul, and with the grace of God, with that energy, man develops a vision of what his life will be in the future.

Where do people have musical or artistic developments that will enable children to express that calling which man has to transcend? From the first painting man made in a cave man conveyed art, now do not have that, why? Because there is no budget, there is nobody to teach it, he will starve if dedicates his life to art, if he is a musician he will become a drunkard, that's what it boils down to, then, what can we do in our lives? First we need to rescue transcendence, learn how to pray, learn how to meditate, study, and then teach our children the importance of transcendence, that we are capable of overcoming all the challenges we face in life and that with the help of God, that fountain of eternal life that is grace, we can achieve the transcendence of man.

134. **La reflexión está tomada del Evangelio según San Lucas,**
   Jesús es la revelación plena de Dios.

Dios se hizo hombre para salvarnos, y ese hombre nació en Belén, es un judío y nos enseñó algo muy importante, nos enseñó la fe, el camino que conduce a la trascendencia.

Jesucristo vino a hablarle a todo ser humano como Verdad, como Vida, Jesús se refleja en el Evangelio, se refleja a sí mismo en la calidad de vida de los sacramentos, se refleja a través de la gracia, y la humanidad está llamada precisamente a encontrar en Él el camino que conduce a la plenitud, a la trascendencia y a la salvación.

Jesucristo vino a anunciar la verdad y la vida eterna a todos los seres humanos.

134. This reflection is taken from the Gospel according to St. Luke,
Jesus is the full revelation of God.

God became man to save us, and that man was born in Bethlehem, He is a Jew and taught us something very important, he taught us about faith, the path leading to transcendence.

Jesus Christ came to talk to every human being as Truth, as Life, Jesus is reflected in the Gospel. He is reflected in the quality of life of the sacraments, He is reflected through grace, and humanity is called to find in Him the path to fulfillment, to transcendence and salvation.

Jesus Christ came to proclaim the truth and eternal life to all human beings.

135. La reflexión está tomada del Evangelio según San Mateo:

Si no perdonas a tu hermano ¿cómo pretendes que Dios te perdone los pecados?

Les voy a contar algo como confesor que es curiosísimo, nosotros no sabemos confesarnos; en primer lugar, pensamos que el confesionario es como un auto lavado, que llegó se sacó el sucio y se fue. Y no es ningún auto lavado, la Confesión es un sacramento de profunda madurez y de un alto nivel de conciencia en el que uno entiende que como persona llamada a la perfección ha tomado decisiones equivocadas, y esas decisiones han generado dolor y sufrimiento en muchas personas, por eso uno está llamado a curar, a sanar, a través de la compasión y del servicio, el dolor que uno ha causado.

135. This reflection is taken from the Gospel according to St. Matthew:

If you do not forgive your brother, how do you pretend that God is going to forgive your sins?

Let me tell you something as a confessor that is very peculiar, we do not know how to confess; first, we think that the confessional booth is like a car wash, which removes the dirt and off we go. And it is not a car wash, Confession is a sacrament of profound maturity and a high level of consciousness in which we understand that as persons called to perfection, we have made bad choices, and those bad choices have created pain and suffering in many people, so we are called to cure, to heal, through compassion and service, the pain we have caused.

136. **La siguiente reflexión está tomada del Evangelio según San Lucas,**
  El que no está conmigo está contra mí.

Esto es verdad, ¿por qué?, porque como ser humano tiene que establecer el equilibrio entre el miedo y lo que se quiere ser en la vida, y muchas veces a uno le da miedo seguir a Dios, porque Dios le pide transformar su vida, razón por la cual, la mediocridad termina siendo la madre de lo que muchas veces es la vida espiritual de todos nosotros. Hay que convertirse, hay que cambiar, hay que dejar el miedo y la mediocridad y centrarse fundamentalmente en ese gran misterio que es Dios, de manera que conociéndolo y amándolo podamos servirle mucho mejor.

136. This reflection is taken from the Gospel according to St. Luke,
He who is not with me is against me.

This is true, why? because as human beings we have to establish a balance between fear and what we want to be in life, and often we are afraid to follow God, because God asks us to transform our life, which is why mediocrity ends up being the mother that is often the spiritual life of all of us. We must convert, change, leave fear and mediocrity and focus primarily on the great mystery that is God, so that knowing and loving God we serve Him better.

REV. ALEXIS BASTIDAS

137. La reflexión está tomada del Evangelio según San Lucas,
La humildad como ámbito de la presencia de Dios.

Lamentablemente, el hombre tiende a creerse mejor que los demás, más santo, más justo, y eso lo conduce a una vida hipócrita que destruye las religiones, empezando por la nuestra.

¿Qué es lo que más daño le ha hecho a la Iglesia?, la soberbia y la hipocresía, ¿por qué?, porque la Iglesia señala al mundo, y dice, ustedes son los malos, nosotros somos los buenos, y olvida que el Señor vino a anunciar el Evangelio al pecador, gente como usted y como yo, que necesitamos de la gracia de Dios, para no juzgar a los demás.

Nuestra vida es suficiente como para mantenernos ocupados; en lugar de estar criticando y viendo la vida de los demás, uno debe ocuparse de resolver sus pecados, de ser responsable por sus pecados, de manera que cuando se acerque a Dios, honestamente le diga: estos son mis pecados, no voy a ocasionar más sufrimiento del que he ocasionado, voy a evitar crear sufrimiento y dolor y esa es mi penitencia.

BEHOLD! THE DIVINE! / ECO DIVINO

La costumbre de la Iglesia de señalar al mundo se ha revertido, y ahora es el mundo el que señala a la iglesia; ya Europa no es mayoría católica, hoy en día hay más chinos que católicos en el mundo, y hasta Irlanda que supuestamente era muy católica ya no lo es. ¿Por qué?, por la gran crisis que hemos vivido, en la que la Iglesia siempre ha juzgado al mundo y por dentro no ha asumido sus propios pecados.

Pedir disculpas es importante, pero Evangelizar al mundo es mucho más importante.

137. This reflection is taken from the Gospel according to St. Luke,

The humility is the place of the God's presence.

Unfortunately, men have the tendency to think of themselves better than others, more holy, more just, and that leads to a hypocritical life that destroys religions, beginning with our own.

What is it that has done more harm to the Church?, Arrogance and hypocrisy, why? Because the Church points to the world, and says, you are evil, we are the good ones and forget that the Lord came to preach the Gospel to the sinner, people like you and me, we need the grace of God, not to judge others.

Our own life is enough to keep us busy; instead of criticizing and watching the lives of others, we must deal with solving our own sins, of being responsible for our sins, so that when we approach God, we honestly say: these are my sins, I will not cause further suffering, I will avoid creating more suffering and pain and that is my penance.

BEHOLD! THE DIVINE! / ECO DIVINO

The habit of the Church of pointing the world has reversed and it is now the world pointing to the church; Europe is no longer a Catholic majority; today there are more Chinese than Catholics in the world; and even Ireland that was supposedly very Catholic no longer is. Why? Because of the great crisis we have lived, in which the Church has always judged the world but has not assumed its own sins.

Apologizing is important, but evangelizing the world is much more important.

138. De la Carta de San Pablo a los Efesios: ¡Levántate de entre los muertos, el Señor es tu luz!

Siempre he dicho en los sermones los domingos, que mucha gente camina en el mundo como muertos, eso lo aprendí siendo muy joven en el seminario, cuando un profesor comentaba como Juan XXIII se refería a mucha gente que caminaba por Roma; y estoy convencido, de que hasta que el ser humano no entienda que el mal lo hace sufrir, difícilmente podrá ver la luz; por cuya razón la gente está moralmente muerta; la crisis financiera tiene al mundo de rodillas, muchos países tienen problemas, producto de qué? Producto de la inmoralidad, de decir que nosotros tenemos valores, que la sociedad occidental tiene grandes valores, pero el récord indica que la pobreza es cada día más grande, el sufrimiento cada vez más mayor, el dolor es más intenso, y seguimos buscando soluciones fuera de la realidad.

La mejor manera de aportar luz al mundo es venciendo nuestra propia oscuridad, ¿qué significa eso?, asumir la responsabilidad, usted y yo hacemos cosas mal hechas, debemos evitar hacer el mal, evitar hacer sufrir a los demás, y ¿quién nos inspira?, precisamente la vida de Nuestro Señor Jesucristo, su sacrificio en la cruz. Jesucristo espera lo mejor de nosotros, su muerte en la cruz es una profunda reflexión para que cada uno de nosotros, podamos entender nuestros pecados.

BEHOLD! THE DIVINE! / ECO DIVINO

La luz de la gracia nos permite iluminar nuestros pasos por la vida, así que si usted es de las personas que se la pasa diciendo que es bueno y hace cosas que así no lo manifiestan, ¡cállese!

¿Qué va a pasar con la Iglesia en el siglo XXI?, pasará lo que usted y yo hagamos con la ayuda del Espíritu Santo, que espera por nosotros, nos inspira, nos convoca a hacer un mundo mucho mejor y no a condenar al mundo; y la Iglesia está llamada a entender cuál es su naturaleza, y su naturaleza es la transformación del hombre para mejor, para el bien, para alcanzar la vida eterna.

REV. ALEXIS BASTIDAS

138. In the Letter to the Ephesians:

Wake up, sleeper! Rise from the dead, and Christ will shine on you!

I've always said in my sermons on Sundays, that many people walk in the world as if they were dead. I learned this at very young age at the seminar, when a teacher commented that Pope John XXIII was referring to some people walking around Rome; and I am convinced that, until the human being understands that evil makes him suffer, he will hardly be able to see the light, for which reason people are morally dead, the financial crisis has the world on its knees, many countries have problems, as a result of what? A result of immorality, to say that we have values, that Western society has great values, but the record indicates that poverty is increasing every day, that suffering is greater, that pain is more intense, and we continue to seek solutions unrealistically.

The best way to bring light to the world is overcoming our own darkness, and what does that mean? To take responsibility, because you and me do things badly, we should avoid doing evil, avoid making others suffer. And who inspires us? Precisely the life of Our Lord Jesus Christ, His sacrifice on the cross, Jesus expects the best of us, His death on the cross is a profound reflection so that each one of us can understand our sins.

BEHOLD! THE DIVINE! / ECO DIVINO

Grace's light allows us to light our steps through life, so if you are a person who keeps saying that you are a good person and does things that do not show it, then shut up!

What will happen to the Church in the XXI century? Whatever you and me do with the help of the Holy Spirit, who is waiting for us, inspiring us, calling on us to make a much better world and not to condemn the world; and the Church is called to understand what its nature is, and its nature is the transformation of man for the better, for goodness, to attain eternal life.

REV. ALEXIS BASTIDAS

139. Tomada del Evangelio según San Juan
Vete, tú hijo ya está sano, vete en paz.

¿Qué nos enseña este texto?, cuan importante es confiar en lo que Dios nos dice, en lo que Dios nos enseña, y es allí donde está nuestra gran dificultad, siempre acudimos a Dios para que nos haga milagros. En realidad, los milagros son una manera de enseñarnos, de recordarnos quien es Dios y El tiene una manera muy distinta de ser, y su principal preocupación es que podamos entender para qué nos sirve la vida, qué podemos hacer con la vida, de manera que los milagros que uno está llamado a hacer parten precisamente del conocimiento que tiene sobre sí mismo, sobre Dios y sobre el mundo.

La riqueza espiritual, no consiste simplemente en pedirle a Dios que haga milagros, porque Dios hace milagros per sé.

¿Cuál es un milagro que usted puede hacer?, enseñar a leer y a escribir a un niño, ¿lo ha hecho usted?, ¿cuántos fines de semana usted ha tenido libres y ha podido enseñarle a alguien a leer o escribir?, ¿Le ha enseñado usted a una muchachita en su barrio a tener higiene?, ese es un milagro, ¿le ha enseñado usted a los niños por ejemplo a cuidarse la boca para no tener esos terribles dolores de muela que tienen los niños en los barrios?, esos son los milagros que Dios te pide, que entiendas que el regalo de la vida que Dios te ha dado, es para compartir con los demás todo lo que tú sabes; si en una iglesia hay dos altares, un altar para pedir milagros y otro para darle gracias a Dios por la vida, adivinen cuál estaría lleno. Que Dios siempre nos inspire y nos acompañe en la búsqueda de transformar al mundo tal como Dios así lo ha enseñado.

139. Taken from the Gospel according to St. John,
Go, your son will live, go in peace.

What does this text teach us? How important it is to trust in what God tells us, what God teaches us, and that's where our great difficulty lays, we always go to God for miracles. Actually, miracles are a way to teach us and remind us who God is, and that He has a very different way of being, and His main concern is that we understand what life is for, what can we do with life, so that the miracles we are called to make start precisely from the knowledge we have about ourselves, about God and about the world.

Spiritual wealth is not simply asking God to make miracles, because God already makes miracles.

Which miracle can you make? Teaching reading and writing to a child, Have you ever done it?, how many weekends have you been free and have been able teach someone to read or write?, Have you taught a girl in your neighborhood hygiene?, that's a miracle, Have you taught children, for example, to take care of their mouth to avoid those terrible toothaches that children from poor neighborhoods have? These are the miracles that God calls on us to understand the gift of life He has given us; it is to share with others everything we know; if there are two altars in the church, an altar to ask for miracles and another to thank God for life, guess which one would be full. May God always inspire us and accompany us in the quest to transform the world as God has so taught us.

REV. ALEXIS BASTIDAS

140. Tomada del Evangelio según San Juan, Dios hace cosas maravillosas para llamar nuestra atención.

Deberíamos reflexionar sobre un aspecto muy importante de esa manera de ser de Dios, que es la Gracia. Dando clases el domingo después de misa en la parroquia, sobre una Constitución del Vaticano II, hablando sobre estos temas, me impresionó muchísimo como las personas por lo general entienden que los que hacen milagros son los santos, y realmente la tradición de la Iglesia nos dice que quien hace los milagros es Dios, los santos son intercesores de las peticiones que ponemos ante el altar de Dios, por así decirlo, pero quien hace las cosas es Dios, y cada santo por muy famoso que sea, por muy ocupado que los tengamos pidiéndole milagros, al final, quien hace los milagros es Dios; y esto una vez más nos mueve a reflexionar de que uno no se relaciona simplemente con Dios porque hace milagros, se relaciona con Dios porque Dios lo ama, porque Dios lo redime a través del sacrificio de Nuestro Señor Jesucristo en la cruz, y porque en la Eucaristía encuentra el Pan de Vida, que nos permite caminar día a día en un mundo como el que nosotros hemos construido.

No debemos confundirnos, los santos son muy buenos en la medida en que nos enseñan a alcanzar un nivel de perfección en la vida, pero quien hace los milagros es Dios.

140. Taken from the Gospel according to St. John,

God does wonderful things to get our attention.

We should reflect on a very important aspect of God's way of being, which is Grace. One Sunday after Mass, teaching in the parish about the Constitution of Vatican II, I was impressed about the fact that people usually think that miracles are made by the saints, and really the tradition of the Church says that God is the one who makes miracles. Saints are advocates of petitions we lay before the altar of God, so to speak, but who makes the miracles is God. Every saint, as famous as he may be, as busy as we may have them, in the end it is God who makes the miracles; and this again leads us to think that we are not simply related to God because He works miracles, we are related to God because God loves us, because God redeems us through the sacrifice of Jesus Christ on the cross and because in the Eucharist we find the Bread of Life, which allows us to walk daily in a world like the one we have built.

We must not be confused, the saints are very good as far as they teach us to achieve a level of perfection in life, but miracles are made by God.

REV. ALEXIS BASTIDAS

141. Tomada del Evangelio según San Juan, La gran bendición que es precisamente la vida.

¿Quién da la vida?, la da Dios, ¿quién da el perdón de los pecados?, lo da Dios, por cuya razón, debemos hacer un gran ejercicio de reflexión, de meditación, de apertura de nuestro espíritu para poder celebrar con gozo que estamos vivos, que estamos sanos, que Dios nos sostiene en nuestras grandes batallas entre el bien y el mal.

141. Taken from the Gospel according to St. John,
This great blessing that is life.

Who gives life? God gives life; who gives forgiveness of sins? God gives them, for which reason we must make a major exercise of reflection and meditation, opening our minds to celebrate with joy that we are alive that we are healthy, that God sustains us in our great battles between good and evil.

142. Tomada del Libro del Éxodo.
¡No castigues a tu pueblo por sus maldades!

El peor castigo de la humanidad es ser sujeto del sufrimiento y del dolor que somos capaces de engendrar, de cultivar y de cosechar en la vida. Lamentablemente, en el Antiguo Testamento y aun en la actualidad, mucha gente tiene una imagen de un Dios vengativo, por cuya razón se torna en un ser vengativo en su vida espiritual y su vida en general.

Jesucristo nos enseña todo lo contrario, que Dios es un ser de misericordia, que ha venido a salvarnos, y que nos ama de tal manera, que nos inspira a salir de esa condición de pecar constantemente, para tener una vida mucho más sana en la gracia.

Moisés le pedía: por favor no castigues al pueblo por su maldad; no es que quiera citar a Sartre, el verdadero infierno de los demás es el hombre, es el ser humano, su envidia, su soberbia, su inmadurez, ¿por qué Dios tiene que castigar?, ¿por qué Dios tiene que ser un Dios castigador?, la belleza de Dios consiste en que nos ama, nos sostiene, nos acompaña, y procura lo mejor de nosotros mismos. El pensar que Dios existe sólo para castigar al hombre, no tendría razón.

BEHOLD! THE DIVINE! / ECO DIVINO

Calderón de La Barca era un sacerdote, un gran autor literario, que dijo: el peor castigo del hombre es haber nacido, ¿cómo puede ser eso? la vida es una bendición, y Dios nos llama a hacer una vida mucho más ajustada a su modo de ser, y como les digo, el peor castigo del hombre es su propia miseria, la que el mismo cultiva, con eso es suficiente, Dios no tiene porque castigarnos a nosotros mucho más allá de eso.

142. Taken from Exodus.

Do not punish your people for their wickedness!

The worst punishment of mankind is to be subject to the suffering and the pain that we are able to generate, cultivate and harvest in life. Unfortunately, in the Old Testament and even today, many people have an image of a vengeful God for which reason their spiritual life and their life in general turns to be vindictive.

Jesus teaches us the opposite, that God is a being of mercy, who has come to save us and loves us so that inspires us to leave that condition of constantly sinning, to have a much healthier life in grace.

Moses asked: please do not punish the people for their wickedness; not that I want to quote Sartre, the real hell of the other man is man himself, his envy, his pride, his immaturity, why must God punish?, why must God be a punishing God?, the beauty of God is that he loves us, sustains us, accompanies us and seeks the best of ourselves. To think that God exists just to punish man would have no reason.

BEHOLD! THE DIVINE! / ECO DIVINO

Calderón de La Barca was a priest, a great literary Author, who said the worst punishment of man is having been born, how can that be? Life is a blessing, and God calls on us to live much more in keeping with His nature and as I say, the worst punishment of man is his own misery, which he cultivates, that is enough; God does not have to punish us far beyond that.

143. La reflexión está tomada del Libro de Ezequiel:
"Haré de todos un solo pueblo".

La intención del profeta es reunir a todas las ovejas dispersas de Israel en el exilio, para poder así formar una sola comunidad, y restablecer el culto divino, sin embargo nos recuerda cuán lejos estamos nosotros de vivir en comunión con la iglesia en general. Decimos que somos católicos, pero en realidad no lo somos, o no lo somos en la manera y en la forma como la iglesia se describe a sí misma, y nos cuesta vivir en comunidad y en comunión con Dios y con el mundo, porque lejos de buscar los mecanismos que establecen esa relación, siempre buscamos mecanismos que la rompen, por tanto la intención del profeta de recordarnos que Dios es un lugar de encuentro y no de separación, debería ser nuestro punto de partida.

143. The reflection is from the Book of Ezekiel: "I will make them one nation in the land".

The intention of the prophet is to bring together all the scattered sheep of Israel in exile, so to form a single community, and restore the worship of God; however we are reminded how far we are of living in communion with the church in general. We say we're Catholic, but in reality we are not, or we are not in the manner and form how the church describes itself, and we find it hard to live in community and communion with God and the world, because far from seeking ways to establish this relationship, we always seek mechanisms that break it, so the intention of the prophet to remind us that God is a meeting place rather than a place of separation, should be our starting point.

144. Tomada del Evangelio según San Juan: ¡Hace tanto tiempo que estoy con ustedes y todavía no me conocen!

Esa pregunta que le hace Jesús a sus discípulos se la hace a cada uno de nosotros, hace tanto tiempo que estoy contigo y todavía no me conoces, cuando te traje al mundo, cuando te di el don de la vida, cuando por la infinita misericordia tu papá y tu mamá te llevaron a bautizar y bendije tu vida con la gracia inefable de que pudieras ser Sacerdote, Profeta y Rey de un pueblo que busca la justicia, el amor y la paz; y que a lo largo de tus años de infancia pude cuidar de ti, y hacer de ti lo mejor que pude; cuando hiciste la Primera Comunión prometiste cultivar una vida espiritual sana en la que pudieras dar frutos de santidad, de amor, de caridad, de compasión; cuando te Confirmé me dijiste: sí, yo voy a continuar, voy a hacer la obra de Nuestro Señor Jesucristo aquí en la tierra. El tiempo ha transcurrido y nuestra vida está un poco distante de tantas cosas que Dios nos ha dado y de todas las esperanzas que Dios ha puesto en nosotros.

Sin embargo hay una oportunidad, hoy puedes cultivar la fe, puedes proclamar el Evangelio, y puedes hacer un mundo mucho mejor porque tú estás vivo.

BEHOLD! THE DIVINE! / ECO DIVINO

144. Taken from the Gospel according to St. John:
I have been with you for so long a time and you still do not know me!

Jesus posed that question to his disciples and He makes it to each one of us. I have been with you for so long and yet you still don't know me, when I brought you to the world, when I gave you the gift of life, when through the infinite mercy you father and your mother took you to be baptized and I blessed your life with ineffable grace so that you could be priest, prophet and king of a people who seek justice, love and peace, and that during your childhood years I could take care of you and make you the best I could, and when you had your First Communion you promised to cultivate a healthy spiritual life which could bear fruit of holiness, love, charity, compassion, and when I confirmed you, you told me: yes, I will continue, I'll do the work of our Lord Jesus Christ here on earth. Time has passed and our life is a bit distant from so many things that God has given us and of the hope that God has placed on us.

However there is a chance today you can cultivate faith you can proclaim the Gospel, and you can do a much better world because you are alive.

145. La reflexión es muy sencilla, y viene del Evangelio según San Juan:
¡Todo lo puso en las manos de Dios!

Hay dos maneras de entender este texto, hay gente que le pone toda la responsabilidad a Dios, y no hace nada en su vida, y hay gente que con humildad se acerca precisamente al Misterio de Dios, para pedir sabiduría, herramientas, talento para poder salir al encuentro de todas las exigencias y vicisitudes que tenemos en la vida.

Tú, simplemente, pregúntate, ¿cuál de las dos?, o en ¿cuál de los dos bandos?, o en ¿cuál de las dos maneras de interpretar este gran acontecimiento de la fe me encuentro?

BEHOLD! THE DIVINE! / ECO DIVINO

145. **This Reflection is very simple, and comes from the Gospel according to St. John: Place everything in God's hands!**

There are two ways to understand this text, there are people who place all the responsibility on God, and do nothing in their lives, and some people who humbly approach the mystery of God, for wisdom, tools and talent to be able to meet all the demands and vicissitudes that we have in life.

You simply ask yourself, which of the two? Or, which side? Or which side of interpreting this great event of faith am I?

146. La reflexión está tomada del Evangelio según San Juan, y se refiere a la Eucaristía:
Dios bendijo el pan y lo distribuyó, y todos se saciaron.

Como Sacerdote sufro profundamente la ausencia del creyente en la Santa Misa.

La salvación nuestra está en poder alimentar nuestro espíritu con ese pan que da la vida, con ese misterio que se hace todos los días en la celebración del altar, en el que Dios se hace Pan de Vida para tu salvación.

Siempre he encontrado en la Santa Misa, y la gente que la celebra conmigo así lo puede testimoniar, un acontecimiento único, en el que Dios se acerca a cada uno de nosotros y nos alimenta de manera tal que nos permite continuar nuestro peregrinar por el tiempo.

146.

This reflection is taken from the Gospel according to St. John, and refers to the Eucharist:

God blessed the bread and distributed it, and all were satiated.

As a Priest I deeply suffer the absence of the believer in the Holy Mass.

For our salvation we feed our spirit with the bread of life, with the mystery that is made every day in the celebration of the altar, in which God is Bread of Life for our salvation.

I've always found in the Holy Mass a unique event in which God comes to each one of us and nourishes us so that we can continue our journey through time, and people who celebrate with me are witness of this.

147. La reflexión está tomada del Evangelio según San Juan,
Dios en Jesús es el Señor de la realidad.

Mucha gente quiere que el Señor le haga un milagro particular para poder creer, y se lo dicen a uno, yo no creo porque no veo, no me parece que Dios está ahí, y esto conduce a un secularismo absurdo, a un ateísmo necio.

He tenido una controversia intelectual a lo largo de los años, porque he descubierto un ateísmo práctico enorme en nuestra vida, en nuestro entorno, gente que no ama a Dios, que no respeta a Dios, no porque no lo conoce sino porque no le da la gana, y hay ateos que conozco desde que estaba estudiando, que son gente trabajadora, estudiosa, investigadora, gente de ciencia, gente de literatura, arte, que tiene razones y que no tiene el don de la fe, razón por la cual, no puede creer

Sin embargo, son de las personas más humanitarias y buenas que he conocido, y nunca sería capaz de condenar a ninguno de ellos porque no piensa como yo, o reza como yo. Y también están todos aquellos que piensan que Dios es un ser mágico, y se acercan a Él para pedirle cosas extraordinarias todo el tiempo, sin descubrir que la mayor de todas ellas es el amor con el que Dios nos ama, y como a través de Jesucristo nuestro Señor nos ha redimido por su sacrificio en la cruz y nos ha dado la salvación.

BEHOLD! THE DIVINE! / ECO DIVINO

Es bueno que nos preguntemos qué tipo de creyentes somos; y si tú eres de esos ateos que me estás leyendo, pregúntate, ¿qué tipo de ateo soy yo?, porque en realidad hoy son pocas las personas que dedican tiempo a la Teología y a la Filosofía, por decir algo.

REV. ALEXIS BASTIDAS

147. This reflection is taken from the Gospel according to St. John, God in Jesus is Lord of reality.

Many people want the Lord to make a special miracle to be able to believe, and they say: I do not believe because I don't see, I do not think God is there, and this leads to an absurd secularism, and a foolish atheism.

I have had an intellectual controversy over the years because I find a huge practical atheism in our lives, in our environment, people who do not love God, who does not respect God, not because they don't know Him but because they don't want to; and there are atheists I have known since I was studying, who are hard working people, scholars, researchers, science people, writers, artists, who do not have the gift of faith, for that reason they can't believe.

However, they are the most humanitarian and best people I've ever met, and would never be able to condemn any of them because they do not think like I do, or pray as I do. And there are other people who think God is a magical being, and ask God extraordinary things all the time, without discovering that the greatest thing is how God loves us, and through Jesus Christ our Lord has redeemed us by his sacrifice on the cross and has given us salvation.

BEHOLD! THE DIVINE! / ECO DIVINO

It's good to ask ourselves what kind of believers we are; if you are one of those atheists who are reading me, ask yourself, what kind of atheist am I?, because in reality very few people today spend time with Theology and Philosophy.

148. La reflexión está tomada del Evangelio según San Juan,
Se nos exhorta a trabajar por los bienes del cielo.

¿Por qué? porque usted y yo trabajamos todos los días incesantemente para cumplir con todas las expectativas de la vida que tenemos aquí y ahora, y mucha gente se dedica en alma, vida y corazón a resolver los problemas del aquí y del ahora, sin muchas veces, abrir un espacio para poder, en medio de toda esa tarea tan complicada que es cumplir las expectativas de cada día, el ofrecerle nuestro trabajo y nuestro sufrimiento y nuestros dolores a Dios.

No tiene que ser como un monje para que la vida le de la santidad, si la Iglesia tiene muy pocos matrimonios en el altar como santos, no es porque las familias cristianas no tengan santidad, todo lo contrario, la santidad se cultiva y se desarrolla en la familia, y ¿por qué?, porque la familia trabaja todos los días, no solo para cumplir las expectativas materiales, sino lo más importante, que nuestros padres nos enseñan, es a buscar la trascendencia.

Hay una expresión muy común en mi cultura, y es que lo más importante que yo le dejo a mis hijos, es el estudio, ¿por qué? porque no solo representa el desarrollo económico de la familia, sino que representa la posibilidad que tendrán de alcanzar con mayor eficacia la trascendencia, ¿por qué?, porque tienen acceso al conocimiento.

BEHOLD! THE DIVINE! / ECO DIVINO

Procuren de alguna manera establecer el equilibrio, y así como usted se preocupa por las cosas temporales, preocúpese también por las cosas que no ve, y que van a ser con seguridad lo importante el día en que tenga que salir del tiempo y del espacio.

REV. ALEXIS BASTIDAS

148. **This reflection is taken from the Gospel according to St. John:**
We are exhorted to work for the goods of heaven.

Why? Because you and I work every day constantly to meet our expectations of life here and now, and many people are engaged wholeheartedly to solve the pressing problems, without leaving a space, in the middle of a hard task, which is to fulfill the expectations of everyday life, to offer our work, our suffering and our pain to God.

It's not necessary to be a monk to have a holy life; there are very few married couples on the altar as saints, but it is not because Christian families don't live a holy life, on the contrary, holiness is cultivated and developed in the family, and why? because families work every day, not only to meet material expectations, but most important, for what our parents taught us, to transcend.

A very common expression in my culture says: The most important thing you can give your children is education, why? Not only because it represents the economic development of the family and the possibility to achieve transcendence with success, but also because they have access to knowledge.

BEHOLD! THE DIVINE! / ECO DIVINO

Try somehow to establish a balance, because if you worry about temporal things, you should also worry about the things you do not see, which will certainly be important the day you have to leave time and the space

149. La reflexión parte del Evangelio según San Juan y nos habla de la Eucaristía:
"Yo Soy el Pan vivo que ha bajado del cielo".

El día en que el creyente descubre ese Gran Misterio, que es la presencia de Dios en ese sacramento, ese día la vida espiritual de esa persona cambia para siempre y descubre con gozo y con humildad cómo Dios, que es un ser admirable y maravilloso, ha mantenido esa forma de ser para que uno pueda tener acceso, y pueda, desde ese sacramento, descubrir la gracia, tener contacto con Él, y poder hacerlo parte de su propia existencia.

149. Taken from the Gospel according to St. John and which speaks of the Eucharist:
"I am the living Bread which came down from heaven".

When the believer discovers the Great Mystery which is the presence of God in this sacrament, that day his spiritual life is changed forever, and he discovers with joy and humility how God, admired and wonderful, has remained that way so that he can have access to Him and find grace, have contact with Him, and make Him part of his own existence.

REV. ALEXIS BASTIDAS

150. La reflexión está tomada del Evangelio según San Juan, que nos habla de la Eucaristía: Yo soy el Pan Vivo, Yo soy el Pan Verdadero, Yo estoy aquí para darles la vida.

Muchos de nosotros no sabemos apreciar ese Misterio, sin embargo, tú sabes que en la Eucaristía, en el Santísimo Sacramento del Altar, está la respuesta de muchas cosas.

Recuerdo una anécdota que transformó mi vida siendo muy niño. Había cerca de mi casa, un señor que no era nada creyente, y viendo que yo iba a la iglesia, me decía: Alexis, y ese milagro, entonces un día, él me contó una historia que me impresionó y fue que en una ocasión, Simón Bolívar entró a una iglesia y estaba el Santísimo expuesto, los soldados estaban entusiasmados con la llegada de Bolívar, y cuando éste se arrodilló quedaron sorprendidos, y al salir, dijo: "sólo ante el Santísimo Sacramento del Altar, yo me arrodillaré"; quizás eso es una anécdota, y ese señor quería de alguna manera que yo aprendiera a descubrir en un hombre como Bolívar la devoción al Santísimo Sacramento del Altar, y resulta ser que a lo largo de mi vida como Sacerdote, he encontrado a personas de distintos niveles, con una gran condición humana, que son seguidores, amantes y cultivadores de una relación muy especial con el Santísimo Sacramento del Altar; ellos y todos aquellos que disfrutamos de ese Gran Misterio, le damos gracias a Dios por su generosidad, y a ti te invitamos a que lo descubras cada vez que tienes oportunidad de ir a un templo a arrodillarte y contemplar allí a Dios.

BEHOLD! THE DIVINE! / ECO DIVINO

150. **This reflection is taken from the Gospel according to St. John, which speaks of the Eucharist:**

> **I am the Living Bread, I am the True Bread, I am here to give you life.**

Many of us do not know how to appreciate this mystery; however, you know that in the Eucharist, in the Blessed Sacrament, is the response to many things.

I remember a story that changed my life as a child. Near my home, there was a man who was not a believer, and seeing that I went to church, he was surprised. Then one day he told me a story that impressed me, and it was that in one occasion Simon Bolivar entered a church where the Blessed Sacrament was exposed, the soldiers were excited about the arrival of Bolivar, and when he knelt down they were surprised, and on leaving he said, "I only kneel before the Blessed Sacrament". Maybe that's just an anecdote, but this man wanted me, in some way, to learn and discover in a man like Bolivar, his devotion to the Blessed Sacrament; and it turns out that throughout my life as a priest, I have found people from different levels, with a great human condition, who are followers, lovers and cultivators of a special relationship with the Blessed Sacrament; they and all those who enjoy this great Mystery, thank God for his generosity, and we invite you to discover every time you have opportunity to go to a church to kneel there and contemplate God.

151. La reflexión está tomada del Evangelio según San Juan:
¡No son ustedes quienes me han elegido, Soy Yo quien los ha elegido a ustedes!

Esta es una relación muy interesante que uno debe descubrir, porque la vida del hombre y la de Dios es un diálogo permanente, y en ese diálogo hay días en que se está de acuerdo con Dios y hay días en los que no, pero uno no rompe ese diálogo, sigue discutiendo sus cosas con Dios todo el tiempo, y al final descubre, que el hombre siente esa necesidad de hablar sus cosas con Dios, de discutir sus cosas con Dios, de escribir y transformar su mundo, precisamente en ese diálogo constante con ese ser tan especial que es Dios.

Y Dios, a su vez, nos enseña, nos inspira y nos acompaña a través de ese diálogo, pero a la hora de la verdad, ha sido Dios quien se acerca a nosotros y nos da todo cuanto necesitamos, y también es cierto que el hombre abre su corazón, para que Dios pueda entrar allí y hacer su obra.

Así que como es libertad de Dios acercarse al hombre, también es libertad del hombre acercarse a Dios, pero la iniciativa siempre ha sido de Dios, porque tú estás vivo, gracias a Él.

151. **This reflection is taken from the Gospel according to St. John:**
You did not choose me, but I chose you!

This is something interesting that we must discover, for the life of man and God is an ongoing dialogue, and there are days when we agree with God and there are days when we disagree with God, but one does not break that dialogue, still discussing things with God all the time, and eventually he discovers that man feels the need to talk things over with God, to discuss things with God, to write and transform our world, precisely in that dialogue with that special person that is God.

And God, in turn, teaches us, inspires us and accompanies us through that dialogue, but the truth is that God comes to us and gives us everything we need, and it is also true that man opens his heart for God to go in and do his work.

So as God is free to approach man, man is also free to get closer to God, but the initiative has always been from God, because we are alive, thanks to Him.

152. Del Evangelio según San Juan: "El Padre y yo somos uno".

La comunión a la que el hombre está llamado es algo fascinante, Dios no le quita al hombre su libertad, sino todo lo contrario, lo llama a profundizar, de manera que el hombre siendo quien es, pueda abrazar esa gran verdad que es Dios.

Pensamos que Dios es una opinión, y nos la pasamos peleando unos con otros acerca de lo que pensamos de quién es Dios, y en realidad no logramos disfrutar de la misericordia ni de la compasión, con la cual Dios nos trata.

Si Dios está contigo, si Dios es parte de tu vida, tú deberías ser una persona extremadamente compasiva, que es capaz de entender al otro.

La fe, es algo que le permite a uno abrazar ese gran misterio, y vivir en comunión.

El Evangelio es muy claro, la compasión, es la expresión más profunda de esa verdad que vive en nuestro corazón, y si uno está en comunión con Dios, uno es una persona que procura precisamente compartir esa verdad con los demás.

152. The Gospel according to St. John: "The Father and I are one".

The communion to which man is called is fascinating, God does not take away freedom from man, but on the contrary, He calls him to deepen it, so that man, being who he is, can embrace this great truth which is God.

We believe that God is an opinion, and we spend time fighting each other about what we think who God is and we do not really enjoy the mercy, compassion, which God treats us.

If God is with you, if God is part of your life, you should be an extremely compassionate person who is able to understand others.

Faith is something that allows us to embrace the great mystery, and live in communion with God.

The Gospel is very clear, compassion is the deepest expression of this truth that lives in our hearts, if we are in communion with God, we must seek this truth and share it with others.

153. La reflexión está tomada del Evangelio según San Juan:
Dios vino al mundo como luz.

Lamentablemente, nosotros en la Iglesia Católica no tenemos pasión por el estudio. Si usted pone un niño hebreo, un niño católico y un niño del islam a conversar sobre la fe, van a descubrir quién sabe qué y qué cosas de Dios; los niños normalmente son formados por las familias, y nosotros precisamente tenemos esa gran dificultad en nuestras casas, que hablamos de todas las cosas pero no hablamos de Dios, nos comportamos de acuerdo a los intereses sociales, pero no nos comportamos de acuerdo al Evangelio, y es por eso que nuestros hijos crecen sin tener una idea muy clara de lo que es el Evangelio, y a qué están llamados en la Iglesia.

Si algo podemos hacer como católicos, es abrir nuestras casas al conocimiento y al estudio, para poder así salir de esta crisis moral, de esta crisis de valores intelectuales que nosotros tenemos.

153. This reflection is taken from the Gospel according to St. John:
God came to earth as light!

Unfortunately, we in the Catholic Church have no passion for studying. If you put a Hebrew child, a Catholic boy and a child of Islam and talk about faith, you will discover who knows more about God; children are usually educated by the families, and we have such difficulty in our homes, we talk about everything but we do not talk about God, we behave according to social interests, but we do not behave according to the Gospel, which is why our children grow up without having a clear idea of what the Gospel says, and what they are called for in the Church.

If there is something we can do as Catholics, is to open our homes to knowledge and study, to overcome this moral and intellectual values crisis we are suffering.

154. La Carta de San Pedro nos dice:

"Ustedes son de estirpe real, la nación consagrada, sacerdocio de Dios, pueblo especial."

Todos estos son atributos de toda aquella persona que ha sido bautizada, sin embargo, no podemos perder de vista esa imagen de cómo Dios manda a Felipe en un momento determinado, a enseñar a un eunuco, quien a su vez era despreciado por la cultura de Israel, a predicar el Evangelio. Lo que esto significa, es que Dios no hace distinción entre nosotros, pero cuando nos acoge, nos da la dignidad de ser sus hijos, y en ese sentido, es mucho más importante, de parte del hombre, reconocer y entender su dignidad, ante ese gran Misterio, que es Dios.

Todos estamos llamados a descubrir ese gran Misterio y desde allí, entender lo que significa ser un hijo de Dios, saber cómo se comporta un hijo de Dios, y sobre todo cuál es la vocación del hijo de Dios, es decir, de usted que me está leyendo.

154. The Letter of St. Peter, tells us:

"You are of royal blood, the holy nation, the priesthood of God, special people".

All these are attributes of every person who has been baptized, however, we cannot lose sight of that image of how God sent Philip in a given time, to teach a eunuch, who in turn was despised by the culture of Israel, to teach the gospel. This means that God makes no distinction between us, but when He welcomes us, gives us the dignity of their children, and in that sense, it is much more important, for man, to recognize, and understand their dignity, before the great mystery that is God.

All of us are called to discover this great mystery and then, understand what it means to be a child of God, to know how a child of God behaves and especially, understand the vocation of the Son of God, referring to you, the person reading this.

155. En los Hechos de los Apóstoles, Dios nos pide de manera muy particular que rechacemos los ídolos y podamos amarle a Él en espíritu y en verdad

Esta es la gran lucha que tenemos todos los días, porque el mundo nos vende una cantidad de cosas que no son necesarias para vivir, y nos hacen sentir una de las personas más amargadas y deprimidas cuando no tenemos el dinero para comprar todas esas cosas que el mundo quiere ofrecernos para darnos la felicidad.

La felicidad no es un asunto de dinero, la felicidad es cuestión de descubrir en la vida su sentido, y poder cultivar todo lo que le de plenitud en el tiempo y en el espacio a esa gran bendición que es la vida que Dios nos ha dado; y cuando uno incluye la fe en ese proceso, encuentra una gran herramienta para tener éxito en la vida, desprenderse y poder distinguir entre lo que es el confort que nos dan las cosas materiales, y la fe y el gozo de saber que Dios nos ama y nos salva a través de Jesucristo el Señor.

155. In the Acts of the Apostles, God asks us a very special way to reject the idols and to love Him in spirit and in truth.

This is a great struggle we have every day, because the world is selling us a number of things that are not necessary to live, which makes us feel bitter and depressed when we do not have the money to buy all those things the world offers us to give us happiness.

Happiness is not about money, happiness is a matter of discovering the meaning of life and being able to cultivate in all fullness, in time and space, that great blessing which is the life God has given us; and when one includes faith in the process, one finds a great tool for success in life, detaching and being able to distinguish between the comfort we have through material things and the faith and the joy of knowing that God loves us and saves us through Jesus Christ the Lord.

156. La reflexión es del Evangelio según San Juan,
Yo les doy la paz.

La paz es un don de Dios, y consiste fundamentalmente en poder descubrir el equilibrio, la armonía que debe existir entre nosotros interiormente, el mundo en el que vivimos, y ese inmenso universo que Dios ha construido para nosotros.

La paz, no consiste en la ausencia de guerra, la paz consiste en cultivar todos aquellos valores y virtudes que no nos permiten llegar a la violencia como la solución de nuestros conflictos personales. Un hombre de paz, dialoga y construye; un hombre que habla de la paz, y hace la guerra es un mentiroso.

156. **This Reflection is taken from the Gospel according to St. John,**
I give them peace.

Peace is a gift from God, and mainly consists in discovering the balance, the harmony that should exist inside us, the world in which we live, and this vast universe that God has built for us.

Peace, is not the absence of war, peace is cultivating those values and virtues that enable us to never resort to violence as the solution of our personal conflicts, a man of peace dialogues, builds; a man who speaks of peace and makes war, is a liar.

157. La reflexión viene del Evangelio según San Juan y se refiere:
El que está conmigo da buenos frutos.

Hay cosas que no están funcionando dentro de nosotros como Iglesia. Debemos acercarnos a la luz del Espíritu Santo y a la luz de la tradición, para dar los frutos que Dios quiere que nosotros demos, y el fruto fundamental que tiene que dar la Iglesia es la compasión hacia el hombre.

Si la Iglesia no sale al encuentro del hombre del Siglo XXI, sus frutos no reflejarán que realmente vive de la Palabra de Dios, ni que está en comunión con ese gran Misterio que es Jesucristo el Señor, quien nos llama a evangelizar el mundo y a hacerlo precisamente el Reino de los Cielos.

157. **This reflection comes from the Gospel according to St. John, and refers to:**
He who is with me bears good fruit.

Some things are not working within us as a church. We must get closer to the light of the Holy Spirit and the light of the tradition, to bear the fruits that God wants us to give, and the essential fruit the Church must give is compassion for man.

The Church must come to the encounter of the twenty-first century man for its fruits to reflect that it really lives from the Word of God, and it is in communion with the great Mystery which is Jesus Christ our Lord, who calls us to evangelize the world and make it the Kingdom of Heaven.

REV. ALEXIS BASTIDAS

158. La reflexión está tomada de la Carta de San Pablo a los Romanos,
Hospitalidad es signo de amor y apertura.

Una de las grandes crisis que tiene la Iglesia en general, es que a nosotros nos cuesta mucho ser compasivos, es más, no entendemos eso, tenemos la inclinación a pensar que ser compasivo es sentir lástima, y cuando uno siente lástima, uno le roba la dignidad a la otra persona.

A veces, no nos damos cuenta de cómo se refleja la falta de compasión en nuestra vida. Los gobiernos de nuestros continentes, con el dinero de nuestros pueblos, en lugar de hacerle la vida más llevadera a su gente, se la hacen insufrible; y uno se pregunta, pero ¿qué clase de gobierno es?, ¿qué compasión existe en el corazón de una administración, que en lugar de ayudar al más débil, lo hunde cada vez más, y lo pone peor? todas esas cosas suceden, porque no entendemos lo que es la compasión.

Cada día, uno tiene la oportunidad de resolver problemas y los resuelve con mayor gusto, con más ánimo, si lo hace movido por la compasión. Así que, muchos de los problemas que hay en nuestra comunidad, en nuestra familia, lo que requieren fundamentalmente es un cambio de actitud.

BEHOLD! THE DIVINE! / ECO DIVINO

158. **This reflection is from the Letter of St. Paul to the Romans,**
Hospitality is a sign of love and openness.

One of the major crises of the Church in general, is that it is very difficult for us to be compassionate; indeed, we do not understand that, we have the tendency to think that being compassionate is to feel pity, and when one feels sorry, one steals dignity from the other person.

Sometimes we are unaware of how the lack of compassion is reflected in our lives. Some governments of our continent, instead of making life more bearable, with the money of our people, make it unbearable, and you ask, but what kind of government is this? What kind of compassion is in their hearts that instead of helping the weak they make them feel worse? All these things happen, because we do not understand what the meaning of compassion is.

Every day we have the opportunity to solve problems, and we are pleased to do that, with courage, if we are just moved by compassion. So many of the problems that exist in our community and in our families, all they need is a change of attitude.

REV. ALEXIS BASTIDAS

159. De la Carta de San Pablo a los Romanos: ¡Ayuden a sus hermanos en las necesidades!

La mejor manera de ser del hombre es ser compasivo, sin embargo, vemos como día a día, las instituciones, que reflejan la voluntad del hombre, usan la violencia para resolver sus diferencias.

Si el hombre entendiera realmente cuáles son y cómo resolver las necesidades de su entorno, nunca aceptaría la muerte como la solución de los problemas, me explico, para muchas personas, la solución de que el mundo sea mejor es por ejemplo, que los pobres se mueran de hambre.

Sin embargo, Dios siempre nos inspira a ofrecer lo mejor de nosotros mismos, y cuando vemos que se está levantando una juventud con gran pereza espiritual, con gran falta de apreciación sobre lo que es la calidad de vida, uno entiende que una necesidad fundamental es el despertar, es el buscar la verdad, y sobre todo compartir esa verdad que nos anima con las demás personas, y eso se hace de una manera compasiva, no porque Dios me obliga, sino porque como ser humano yo estoy llamado a ayudar en las necesidades.

159. From the Epistle of St. Paul to the Romans:
Help your brothers in need!

The best way for men to be is being compassionate; we see every day, institutions that reflect the will of men which use violence to resolve their differences.

If man really understood which are and how to solve the needs of his environment, he would never accept death as the solution of the problems, I mean, for many people, the solution to make the world better is, for example, that the poor starve to death.

However, God always inspires us to offer the very best of ourselves and when we see the youth that is rising with great spiritual laziness, and with great lack of appreciation of what the quality of life is, we understand that a fundamental requirement is our awakening in the search for truth, and above all, to share the truth with others and that it is done in a compassionate way, not because God forces us, but because as human beings we are called to assist others in need.

160. La reflexión está tomada del Evangelio según San Juan,
El amor de Dios transforma todo.

Nuestro sufrimiento es una escuela, en la cual uno descubre lo mejor de sí mismo y sobretodo descubre la esperanza; de manera que el sufrimiento y la tristeza no deberían ser lo que la hemos convertido en el mundo, una nube gris encima de nosotros, tal como lo vemos en las propagandas de televisión para vender antidepresivos; el estrés y la depresión no son el modo de ser de cada uno de nosotros, no, el sufrimiento es una escuela, el sufrimiento es una manera de entender que uno como ser humano está llamado a cultivar lo mejor, a fortalecerse en las virtudes de manera que cuando el dolor se acerca, uno pueda encontrar el camino que conduce a la mejor resolución de esos sufrimientos.

Entender que uno es una persona que es capaz de trascender, de evolucionar, es parte de cómo uno maneja su sufrimiento, así que la tristeza es parte de nosotros, pero no es nuestra maestra.

160. This reflection is taken from the Gospel according to St. John,
God's love changes everything.

Our suffering is a school in which we discover the best of ourselves and above all, we discover hope, so that suffering and sorrow should not be what we have turned it into in the world, as a gray cloud over our heads, as we see on TV, in commercials made for selling medicines for depression. Stress and depression should not be the way we are. Suffering is a way to understand, as human beings, that we are called to be better persons, and make our virtues stronger, so, when pain comes to us, we can find the path that leads to the best resolution for this suffering.

To understand that we are persons who are able to transcend, to evolve, is part of how we manage our pain, so sadness that is part of us but it is not our teacher.

161. La reflexión está tomada del Evangelio según San Mateo,
Jesús se revela como Señor.

¿En qué consiste el poder de Dios?, mucha gente solo ve el poder de Dios a través de los milagros, pero no puede apreciar el poder de Dios en esa constante manera de ser, que nos acompaña y que nos sostiene a lo largo de todos nuestros días.

Para poder creer en Dios y en su poder, uno le pide milagros, y se le olvida que el primer milagro, el único, el más especial de todos es que usted está vivo, y sin embargo, uno en su vida, no es capaz de desarrollar la sensibilidad de poder encontrar, precisamente en las 24 horas que tiene, el gran poder de Dios.

Si algo nos enseña este texto del Evangelio de San Mateo, es la Gracia. El gran poder de Dios, es la acción divina de Dios haciendo algo, y Dios te está salvando a ti todos los días, cuando te enseña, cuando te inspira, cuando te sostiene y cuando te acompaña a lo largo de tus 24 horas.

161. The reflection is taken from the Gospel according to St. Matthew,
Jesus reveals himself as Lord.

What is the power of God? Many people only see the power of God through miracles, but they cannot appreciate the power of God in His constant way which sustains us throughout all our days.

To believe in God and His power, we ask for miracles, but we forget that the first miracle, the only one, the most special of all, is that we are alive, and yet we are not capable of developing the sensitivity of finding the great power of God, in our 24 hour day.

If we can learn something from the Gospel of St. Matthew, it is Grace. The great power of God, is the divine action of God doing something, and God is saving us every day when He teaches us, inspires us, when He supports us, in our 24 hours.

REV. ALEXIS BASTIDAS

162. La reflexión está tomada de la Primera Carta de San Pablo a Timoteo: ¡Tú, obra con rectitud!

Uno de los grandes malentendidos que tenemos en la vida es que pensamos que para poder obrar bien uno tiene que estar asustado, bien sea por la ley, bien sea espiritualmente o religiosamente por miedo al infierno, y esto es erróneo; se debe obrar bien porque somos seres que estamos llamados fundamentalmente a dar lo mejor de nosotros mismos, y la rectitud tiene mucho que ver con los valores que tenemos.

Escuchamos con frecuencia. ¡Yo amo a mi país!, y sin embargo cuando toca el momento de transformar las realidades más profundas del país, todo el mundo se encuentra con los brazos cruzados dando explicaciones de por qué no hace lo que tiene que hacer.

Obrar con rectitud no consiste en decir que uno es correcto, es hacer las cosas bien.

Si uno es un servidor de Dios, si es un seguidor de Jesucristo y está movido por el Espíritu de Dios, uno siempre asume su responsabilidad; de ahí que por ejemplo, siempre en los distintos lugares donde he vivido, cuando sucede algo, el responsable es siempre el gobierno, o si no, es la oposición, y si no es la oposición, siempre es alguien, pero uno nunca toma la responsabilidad.

Al final, esta ausencia de tomar con las propias manos, por así decirlo, el compromiso de hacer nuestras 24 horas mejor, termina siendo una manera de cómo nosotros los seres humanos escapamos la responsabilidad de hacer un mundo en el que todos nosotros podamos compartir y dar lo mejor de nosotros mismos.

BEHOLD! THE DIVINE! / ECO DIVINO

¿De qué me sirve conocer el Evangelio si no lo comparto con los demás?, ¿de qué me sirve a mí gozar de todo bien, si sé que en mi entorno, todo el mundo está pasando trabajo?

Esta sensibilidad está ausente, y precisamente ese es el criterio moral en el cual muchas personas viven hoy en día.

REV. ALEXIS BASTIDAS

162. This reflection is taken from the First Letter to Timothy:
Pursue righteousness!

One big misunderstanding we have in life is to think that to do good we have to be afraid, either because of the law, or spiritually and religiously because of hell, and this is wrong; we should do good because we are called to be the best of our selves, and to be righteous has a lot to do with our values

We often hear: I love my country! Yet when it comes to the moment of transforming our country's deeper realities, we keep our arms folded giving explanations of why we did not do what we had to do.

Being righteous does not mean saying we are right, is doing things right.

If we are servants of God, followers of Jesus Christ and are moved by the Spirit of God, we always assume our responsibility; in the different places where I have lived, when something happens, the responsible is always the government, or the opposition, it is always someone else's fault, but we never take responsibility.

In the end, this lack of taking into our own hands, so to speak, the commitment to improve our 24 hours, ends up being a way of how we humans escape from the responsibility to make a world in which we can all share and give the best of us.

BEHOLD! THE DIVINE! / ECO DIVINO

What good is it knowing the Gospel if I do not share it with others? What good is it for me to enjoy everything, if I know that in my environment, everybody is having a hard time?

This sensitivity is absent, and that is precisely the moral criteria in which many people live today.

REV. ALEXIS BASTIDAS

163. La reflexión está tomada del Evangelio según San Juan:
¡Que la unidad sea perfecta!

Esa es la vocación a la cual el hombre está llamado, a vivir en comunión, en unidad, en familia, en fraternidad, no como estamos viviendo hoy día, por eso Dios siempre nos pone caminos para crecer.

La comunión perfecta es cuando usted se levanta en la mañana y dice: yo, hoy no voy a hacer sufrir a nadie, yo hoy no voy a ser el dolor de nadie, y usted comenzará a entender lo que significa vivir en comunión, y entenderá al que llora y entenderá al que sufre, al amargado, porque mientras uno no entienda el dolor que es capaz de dar, el sufrimiento que es capaz de ocasionar, uno tampoco puede construir la comunión universal.

Si uno no es sensible a estas cosas, cómo va a ser sensible al diálogo, al entendimiento, al respeto; y muchas de las situaciones que pasan son producto del resentimiento racial, resentimiento económico, resentimiento de todo tipo, así que ánimo, Dios nos llama a ser diferentes y tú lo puedes hacer el día de hoy.

BEHOLD! THE DIVINE! / ECO DIVINO

163. The reflection is taken from the Gospel according to St. John:
That they may become perfectly one!

That is the vocation to which man is called, to live in communion, unity, family, fraternity, not as we are living today. That is why God always gives us paths to grow.

The perfect communion is when you get up in the morning and say, today, I'm not going to make anyone suffer, today I'm not going to be anyone´s pain and then we begin to understand the meaning of living in communion, and understand the one who suffers, is bitter, because if we do not understand the pain that we are capable of provoking, the suffering that we are capable of causing, we cannot build universal communion.

If we are not sensitive to these things, how can we be sensitive to dialogue, understanding, respect; and many of the situations that happen, are the product of racial resentment, economic resentment, resentment of all kinds, so be encouraged, God calls on us to be different and we can do it today.

164. ¡Reciban el Espíritu Santo!
Esta sentencia la encontramos en el Evangelio de San Juan.

La pregunta es, ¿qué hacemos nosotros para recibir el Espíritu Santo?, ¿queremos recibir el Espíritu Santo?, ¿para qué recibimos el Espíritu Santo?, porque al paso que veo, la gente busca el Espíritu Santo, no porque le da sabiduría, le da templanza, le da amor, le da inteligencia, lo que necesita la gente, las herramientas necesarias para conocerse mejor a sí mismo y conocer a Dios, sino fundamentalmente, la gente busca al Espíritu Santo, para que le resuelva sus temas de salud. No es que no debamos pedirle a Dios por la salud, lo que siento y me preocupa, es que solo me acerque a Dios, para que Dios sea mi médico, sea la persona que hace los milagros que yo necesito.

164. Receive the Holy Spirit!
This statement is found in the Gospel according to St. John.

The question is, what do we do to receive in the Holy Spirit? Do we want to receive the Holy Spirit?, What do we receive the Holy Spirit for?, because the way I see it, people seek the Holy Spirit, not because He gives us wisdom, gives us temperance, gives us love, gives us intelligence, everything we need, the tools we need to get to know ourselves and know God, but fundamentally people look at the Holy Spirit to resolve their health issues. I'm not saying not to ask God for health, what I feel and I am concerned about, is that we get closer to God, only because God is my doctor, the person making the miracles that I need.

REV. ALEXIS BASTIDAS

165. La reflexión de hoy está tomada de la Carta de San Pablo a los Corintios:
En nuestra vida, nosotros reflejamos los valores de nuestra fe.

Uno dice quien es por dentro cuando define el modo como uno vive.

La sabiduría siempre es transparente, y si uno dice que cree en Dios, debe ser transparente y mostrar la dificultad que significa creer en Dios, ¿Por qué?, porque tenemos una gran inclinación a la cobardía, a la laxitud, no nos interesa formarnos como necesitamos para poder tener éxito en la vida, pensamos que viendo televisión vamos a adquirir el conocimiento que implica estudiar, uno prefiere pasar dos horas viendo televisión que dos horas estudiando.

Estamos ya cansados de la falta de seriedad en la formación espiritual del ser humano, y eso no lo digo yo, lo dice la vida; si tú eres un católico, manifiesta ser un católico de verdad, comprometido con el conocimiento, con el desarrollo y la solución de los problemas, y no como esa cantidad de gente, cuya única virtud consiste en criticar lo que los demás procuran realizar.

BEHOLD! THE DIVINE! / ECO DIVINO

165. Today's reflection is taken from the Letter of St. Paul to the Corinthians:
In our life, we reflect the values of our faith.

You say who how you are inside when you define the way you live.

Wisdom is always transparent, and if we say we believe in God, we must be transparent and show how difficult it is to believe in God, Why? Because we have a great inclination to cowardice, laxity, we are not interested learning what we need to succeed in life, we think that by watching TV we acquire the knowledge we get from studying, people would rather spend two hours watching television than two hours studying.

We are tired of the lack of seriousness in the spiritual education of people, and it's not me who says that, life is showing it. If you are a catholic, show that you are a real catholic, committed to knowledge, development, and solutions to problems, and not like so many people, whose only virtue is to criticize what other people are trying to achieve.

166. La reflexión está tomada del Evangelio según San Mateo:
¡Amen a sus enemigos!

Dios nos invita sobre todo a reflexionar sobre esto; el perdón, en el fondo no tiene que ver con el pecador sino con el pecado, mejor dicho, el pecado es lo que a nosotros nos hace reflexionar sobre el perdón, y sobre todo, porque todo ser humano se equivoca y comete los errores que comete, pero no soy quién para condenarlo, y si Dios me pide amarlo, ¿quién soy yo para no hacerlo?

166. This reflection is taken from the Gospel according St. Matthew:
Love your enemies!

God invites us above all to reflect on this; ultimately, forgiveness has nothing to do with the sinner, but with the sin. Rather, sin is what makes us think about forgiveness, and most of all, if every human being makes mistakes and commits sins, who am I to condemn him? And if God calls me to love him, who am I to say no?

167.
La reflexión está tomada del Evangelio según San Mateo:

El Padre que ve todo, en lo secreto, te lo agradecerá.

No hay cosa más triste que la hipocresía en la vida religiosa; que la gente haga cosas para que lo vean y le den títulos, y lo saluden y digan ¡qué bueno es!, y en eso Dios nos ha mostrado el camino.

Si algo debemos procurar en nuestra vida es la transparencia, y entender que la hipocresía es una enfermedad que se puede cultivar a grados tan extremos que generan nauseas en el mundo; la transparencia es el camino que conduce en gran medida al encuentro con el otro. Cuando uno sabe que el otro es tan pecador como yo, y está necesitado de la misericordia como yo, uno es capaz de compartir, y sobre todo, hacer un encuentro en el que el diálogo, las virtudes y el amor nos permitan dar frutos de reconciliación, o de lo contrario, siempre en la hipocresía vamos a hacer cosas para que la gente piense que soy bueno, pero en realidad mi corazón está perdido.

167. This reflection is taken from the Gospel according to St. Matthew:
> The Father who sees, in secret will reward you.

Nothing is sadder than hypocrisy in religious life; people do things to be seen and receive honors, so others can greet him and say, he is so good, and for that, God has shown us the way.

Something we should seek in our lives is transparency, and we should understand that hypocrisy is a disease that can grow and produce nausea in the world. Transparency is the road that leads to meet our fellowmen. When we know that the other is a sinner like us, and in need of mercy like us, we are capable of sharing, and above all, able to go to an encounter in which the dialogue, the virtues and love allow us to bear fruit of reconciliation, but otherwise, with hypocrisy we are always going to do things for people to think I'm good, but in reality my heart is lost.

168. En el texto, San Lucas se refiere a la Eucaristía,

La Eucaristía como el encuentro de lo humano con lo divino.

¿Qué significa esto para todos nosotros?, significa que cada vez que celebramos la Santa Misa, actualizamos y hacemos realidad un Misterio que nos da la Salvación, un Misterio que nos bendice con la Gracia, un Misterio que nos permite conocer, amar y servir mejor a Dios.

Cada vez que celebramos la Misa, y digo celebramos la Misa, porque la gente piensa que la Misa sólo la celebra el señor Cura, cuando en realidad no es así, la Misa la celebra la Asamblea Santa de Dios, presidida por el Sacerdote, pero todos en comunión, celebramos la presencia de Dios y la actualización de ese Gran Misterio que nos conduce a la plenitud y a la Vida Eterna.

168. The text of St. Luke refers to the Eucharist,

The Eucharist is the meeting place of the human life with the divine life.

What does this mean for us? It means that every time we celebrate Mass, we are updating, and making reality the Mystery of Salvation, a Mystery that blesses us with Grace, a Mystery that allows us to know, love and better serve God.

Every time we celebrate Mass, and I say we, because people think that Mass is celebrated only by the priest, when the Mass is celebrated by the Holy Assembly of God, led by the priest, but all in communion, we celebrate God's presence, updating the Great Mystery that leads us to wholeness and eternal life.

169. **El Evangelio según San Mateo se refiere a ese pasaje de la Escritura,**
   Es el corazón quien define y da contenido a nuestro carácter.

Esta es una verdad que permite identificar quiénes somos, si nuestra atención está en las cosas perecederas, nuestro corazón estará en las cosas perecederas, pero si nuestro tesoro consiste en tener calidad de vida, una vida llena de amor, llena de esperanza, llena de búsqueda permanente de justicia y de equidad, nuestro corazón estará en ese Gran Misterio que es Dios, de lo contrario, siempre vamos a encontrar excusas para poder decir quiénes somos; por ejemplo, mucha gente dice ser católico pero no practicante, y uno le pregunta ¿por qué?, es que no soy fanático, y ¿en qué consiste ser fanático? le pregunta uno, y muchas veces no saben ni explicarlo.

La verdad es que su corazón no está en Jesucristo el Señor, más bien está en lo que la gente piensa de ellos, en lo que opina sobre ellos, y ese es un gran problema a nivel de espiritualidad, no saber dónde uno tiene su corazón.

169. **The Gospel according to St. Matthew refers to this passage of the Scripture,**
   It is the heart that defines and gives meaning to our character.

This truth can identify who we are, if our attention is on the perishable things, our heart will be in the perishable things, but if our treasure is to have quality of life, a life full of love, full of hope, full of permanent justice and equity, our heart will be in that Great Mystery that is God, otherwise we will always find excuses to say who we are; for example, many people say: I am a Catholic but not a practicing Catholic, and when you ask why? They say: I'm not a fanatic, and what is to be a fanatic? We ask, and they often do not even know how to explain it.

The truth is that their hearts are not in Jesus Christ the Lord, but on what people think of them, and that's a big problem of spirituality, not knowing where you have your heart.

170. La reflexión está tomada del Evangelio según San Mateo:
¡No se preocupen por el día de mañana!

Esta es realmente uno de los ejercicios espirituales más difíciles de ejecutar, ni siquiera el celibato es tan complicado como esto. Y en qué consiste?, en que uno muchas veces vive en un tiempo que no existe, y es el futuro, uno dice, mañana voy a hacer esto, y lo que tiene que hacer hoy no lo hace; o peor aún, hay gente que vive todo su tiempo en el pasado, y nunca hace lo que tiene que hacer para tener calidad de vida hoy, por tanto, el ser y el estar en el tiempo, el entender que la vida que tenemos es ésta, aquí y ahora, y que del modo como nosotros resolvemos este aquí y ahora, superamos todos los miedos que nos da la muerte, incluyendo la inseguridad de la vida eterna, nos da a nosotros una clara oportunidad de encontrar, precisamente en las enseñanzas del Evangelio, una gran herramienta.

Cuando usted se la pasa pensando en mañana, y no en resolver los temas que tiene hoy, usted prácticamente está perdiendo el tiempo.

170. This reflection is taken from the Gospel according to St. Matthew:
Do not worry about tomorrow!

This is really one of the most difficult spiritual exercises to do; not even celibacy is as complicated as this. And what is it?, we often live in a time that does not exist, which is the future; we say, tomorrow I will do this, and we don't do what we have to do today, or even worse, some people live full time in the past, and never do what they must do to have quality of life today, then, being, and being in the time, understanding that we have this life here and now, and the way we solve this here and now, we solve all the fears of death,, including the insecurity of eternal life, gives us a clear opportunity to find, in the teachings of the Gospel, a great tool.

When you spend your time thinking about tomorrow and not in solving the issues you have today, you are practically wasting your time.

171. La reflexión está tomada del Evangelio según San Mateo:
¡Por sus frutos los conocerán!

¿Cuáles son los frutos de esta generación?, uno tiene la difícil tarea de establecer el equilibrio entre el fracaso de los ambiciosos, de los irresponsables, y el sufrimiento de toda esta gente que cada día pierde su trabajo y se queda sin casa, sin vida prácticamente.

Y uno se pregunta, ¿cómo llegamos ahí?, llegamos ahí porque se olvidó el respeto al ser humano, el respeto al hombre, el respeto al trabajo, y todo se volvió juego.

171. This reflection is taken from the Gospel according to St. Matthew:
By their fruits you shall know them!

Which are the fruits of this generation? We have the difficult task of establishing a balance between the failure of the ambitious, the irresponsible, and the suffering of all these people that every day lose their jobs and are left without their homes, practically lifeless.

And we wonder, how did we get there? We got there because we forgot the respect for human beings, respect for the man, respect for the work, and everything turned into a game.

172.
Se refiere a ese episodio en el que Dios le dice a Jeremías:

¡Yo te conozco desde antes de que tú existieras, desde siempre te he conocido!

Ese es nuestro gran consuelo, Dios es nuestro Padre, nos ha creado, Dios es para nosotros el principio y el fin de nuestra vida, por eso debemos hacer un gran esfuerzo por entender en la vida quién es Dios, cómo forma parte vital de nuestras decisiones y no que es un policía que está quitándome la libertad, sino todo lo contrario, me está dando sabiduría, me está cultivando la inteligencia para que pueda hacer el mejor uso posible de mi libertad.

Todos nosotros somos felices de saber que tenemos un Padre como Dios, un gran Hermano y Maestro en Jesucristo el Señor, y el Espíritu Santo, que nos permite a nosotros entender y cultivar todas esas enseñanzas que Dios nos da para vivir bien.

172.

Reference is made to the episode in which God says to Jeremiah:

I knew you before you existed, I have always known you!

This is our great comfort, God is our Father, He created us; God is the beginning and the end of our lives, so we have to work hard to understand who is God in our lives, how He is a vital part in our decisions, and how he is not a policeman who is taking away our freedom. On the contrary, he is giving us wisdom; He cultivates our intelligence so we can make the best use of our freedom.

We are all happy to know that we have God as a Father, a great Brother and Master in Jesus Christ the Lord, and the Holy Spirit, who enables us to understand and cultivate all those teachings that God gives us to live well.

173. La reflexión está tomada del Libro de Isaías:
¡Te haré luz de las naciones!

Esto se refiere tanto al Mesías, a la Iglesia, como a ti y a mí; nosotros somos un reflejo de quién es Dios, y por eso debemos cultivar nuestra espiritualidad, nuestros valores y nuestras virtudes, para que así nuestros hijos, y la gente que vive en nuestro entorno, pueda de alguna manera entender ese gran Misterio que es Dios; porque, qué difícil es ver a Dios en un hombre irresponsable, qué difícil es ver a Dios en un hombre que en lugar de amar a su pueblo lo destruye. ¿Cómo es eso de que todos somos luz?, y a la hora de la verdad, somos como la oscuridad de lo que está sucediendo. Este es un tema grave, la superficialidad, la falta de formación, la falta de asumir la responsabilidad para resolver los problemas, nos tiene a nosotros en crisis. Estamos llamados a ser luz del mundo, pero nosotros no entendemos esa responsabilidad.

173. This reflection is from the Book of Isaiah: I'll make you the light to the nations!

This refers to the Messiah, the Church, you and me; we are a reflection of who God is, and this is why we must cultivate our spirituality, our values, our virtues, so that our children and people living in our environment can somehow understand the great mystery that is God. How hard it is to see God in an irresponsible man, how difficult is to see God in a man who instead of loving his people destroys them; how's this that we're all light? since in the moment of truth, we are like the darkness of what is happening. This is a serious issue, superficiality the lack of education, the absence of taking responsibility for solving problems, has us in crisis. We are called to be the light in the world, but we do not understand that responsibility.

174. El Libro del Génesis nos hace una pregunta:
¿Hay algo imposible para Dios?

He llegado a la conclusión de que hay una sola cosa imposible para Dios, y es conseguir la atención del ser humano cuando éste está distraído, distraído por su superficialidad, por su vagancia, por su falta de sentido de orientación en la vida, y por más que Dios trate, si uno no quiere, no hay manera.

Esa pregunta del Génesis, siempre me hace reflexionar. Dios hizo el universo, pero hay algo que Dios ha respetado siempre, y es la libertad del ser humano, y si el ser humano en su libertad decide no encontrarse con Dios, no hay modo ni manera.

174. The Book of Genesis asks us a question: Is there anything too hard for God?

I have come to the conclusion that only one thing impossible for God, and it is getting the attention of man when he is distracted, distracted by his superficiality, for his laziness for his lack of a sense of direction in life, and even if God tries if you do not want there is no way.

That question of the Genesis always makes me think. God made the universe but there is something that God has always respected and it is the freedom of the human being and if man in his liberty chooses not to meet God there is no way or manner.

175. La reflexión está tomada del Evangelio según San Mateo, ¡Sígueme!

Nosotros pensamos que esto se refiere a la gente que quiere entrar en el Seminario, y en realidad no es así, se refiere a ti, Dios te llama a ser una mejor persona, a dar lo mejor de ti, a transformar el mundo para bien, a hacerlo mejor, ese es el llamado; sígueme, ven conmigo a hacer un mundo mucho mejor.

Dios no te está llamando para ser sacerdote, te está llamando para ser la mejor persona que tú puedas ser en la vida, no debes confundirte, porque si Dios te pide ser honesto, te pide ser transparente, te pide ser justo, ser un trabajador de la paz, no es porque tú vas a ser sacerdote, es porque tú estás llamado precisamente a ser lo mejor de ti mismo.

BEHOLD! THE DIVINE! / ECO DIVINO

175. This reflection is taken from the Gospel according to St. Matthew:
Follow me!

We think that this refers to people who want to join the seminary, but actually, it refers to you; God is calling you to be a better person, to give the best of you, to transform the world for the good, to do it better, that is the call, follow me, and come with me to make a much better world.

God is calling you not to be a priest, you are called to be the best person you can be in life; don't get confused, if God asks you to be honest, to be transparent, to be fair, to be a worker for peace, it is not because you're going to be a priest, it is precisely because you are called to be the best of yourself.

176. La reflexión está tomada del Evangelio según San Mateo:
¡Dios ha sido glorificado en los hombres!

¿En qué sentido?, se ha glorificado en Jesucristo el Señor, que se hizo Hombre y nos dio la oportunidad de salvarnos, por eso nuestro consuelo como cristianos es imitar a Jesucristo, hacer de nuestra vida un lugar donde todas esas enseñanzas florezcan y den frutos. Esta es la mejor forma de dar gloria a Dios, no solamente rezando, sino viviendo una vida cristiana, que refleje en profundidad los valores y virtudes del Evangelio.

176. This reflection is taken from the Gospel according to St. Matthew:
God has been glorified in men!

In what sense?, God has been glorified in Jesus Christ the Lord, who became man and gave us the opportunity of salvation, therefore, our consolation as Christians is to imitate Jesus Christ, make our life a place where all those teachings bloom and bear fruits. That's the best way to give glory to God, not just praying, but living a Christian life that reflects in depth the values and virtues of the Gospel.

177. La reflexión está tomada del Evangelio según San Mateo,
Dios compasivo y Misericordioso.

Esto tiene que ver mucho con la imagen de Dios en el desierto, cuando les dio pan para que alimentaran a todos los israelitas que estaban peregrinando por el desierto.

San Mateo nos recuerda que Dios se ha quedado como Pan de Vida para que nosotros, que estamos peregrinando en el tiempo, podamos satisfacer nuestra hambre de Dios, nuestra necesidad de amor, y nuestra necesidad de esa compasión profunda que Dios tiene por nosotros, que nos perdona los pecados y nos permite, en cierta forma, conseguir la vida eterna por el ejercicio de las virtudes cristianas.

El pan de vida del cual habla San Mateo es Jesucristo mismo, que nos libera del pecado y nos da la gracia de la vida eterna.

177. **This reflection is taken from the Gospel according to St. Matthew,**
Compassionate and merciful God.

This has much to do with the image of God in the wilderness, when he gave bread to feed the Israelites in the desert.

St. Matthew reminds us that God has been Bread of Life so that we, who are journeying through time, are able to satisfy our hunger for God, our need for love, and our need for the deep compassion God has for us, forgiving our sins and allowing us to, somehow, gain eternal life through the exercise of Christian virtues.

The bread of life, which St. Matthew speaks of, is Jesus Christ himself, who sets us free from sin and gives us the grace of eternal life.

178. La reflexión está tomada del Evangelio según San Mateo,
El reto de creer

Todos nosotros queremos ir al encuentro de Jesús, pero nos da miedo, tal como a Pedro le dio miedo, y preferimos quedarnos en nuestra vida de pecado, de ignorancia y de inmadurez, que salir al encuentro de la luz y la verdad.

El ejemplo de Pedro es el ejemplo de muchos de nosotros, que seguimos aferrándonos a todas aquellas cosas que nos impiden vivir en libertad, particularmente en nuestra conciencia. Somos presos de nuestras bajas pasiones, de nuestras debilidades, y en lugar de usar nuestras debilidades para cultivar fortaleza, las usamos para anquilosar nuestra vida en ellas, de ahí que la vida de muchos de nosotros sea muy pobre y llena de sufrimiento, porque no hacemos lo que tenemos hacer para liberarnos de esas cosas, y siempre pensamos que por un golpe mágico, Dios nos va a quitar el sufrimiento que nosotros mismos cultivamos todos los días por nuestra ignorancia.

Y es por eso que nos da miedo salir al encuentro de Jesús, porque nos da miedo batallar, nos da miedo pelear, nos da miedo conquistar nuestra libertad intelectual, nuestra libertad espiritual.

178. This reflection is taken from the Gospel according to St. Matthew:
The challenge of believing.

We all want to go to meet Jesus, but we are afraid, just the way Peter was afraid, and stay in our life of sin, ignorance and immaturity, rather than go and reach out the light and the truth.

The example of Peter is the example of many of us; we keep holding on to all those things that keep us from living in freedom, particularly in our consciousness. We are prisoners of our passions, our weaknesses; rather than using our weaknesses to cultivate strength, we keep our lives in them, hence the life of many of us is very poor and full of suffering, because we don't do what we have to do, to get rid of that stuff. And we always expect that, through a magic touch, God will remove the suffering that we cultivate in ourselves every day through our ignorance.

That's why we're afraid to go to meet Jesus, because we are afraid to fight, we're afraid to conquer our intellectual freedom, our spiritual freedom.

179. El comentario está tomado del Evangelio según San Mateo.
Jesús vio a la multitud y sintió compasión de ella!

El ejemplo que nosotros debemos seguir de Jesús como ser humano y como Dios, es precisamente el poder uno cultivar esa manera de ser que nos permita salir al encuentro del más necesitado, del más débil, que es quien nos hace sentir lástima y no compasión. La compasión es un profundo sentido de humanidad, de amor al ser humano, a su naturaleza, a su condición, particularmente para el que más lo necesita.

179. **This commentary is taken from the Gospel according to St. Matthew:**
Jesus saw the crowd and felt sorry for them!

We should follow Jesus as a human being and as God, in the way of cultivating his way of being that allows us to reach out to the needy, the weak, for which we feel pity and not compassion. Compassion is a profound sense of humanity, love for the human being, his nature, his condition, particularly for those most in need.

180. La reflexión está tomada del Primer Libro de los Reyes, nos recuerda cual debe ser nuestra actitud ante el paso de Dios.

¡Quédate en el monte porque Dios va a pasar por allí!

El mensaje fundamental sería, atiende tu vida, porque Dios va a pasar por allí. Vivimos las vidas ajenas, nos la pasamos viviendo vidas ajenas; si ustedes ven las revistas de mayor tiraje en el mundo, ¿cuáles son?, las que describen las vidas ajenas, y uno en lugar de dedicarse a reflexionar y a conocerse mejor a sí mismo, conoce y reflexiona sobre vidas ajenas, que no tienen nada que ver con uno, y esto lo digo con preocupación, porque muchas veces la gente tiene graves problemas personales, y es incapaz de llegar a resolverlos.

Uno no termina de tener la sensibilidad de lograr captar la presencia de Dios en los días que tiene, pues está consumido por las apariencias, ¿qué pensarán de mí?, ¿qué dirán de mí?, ¿cómo me he de comportar para que la gente me quiera?, cuando lo que me debe interesar es quererme a mí mismo, amarme a mí mismo, de manera tal, que siendo libre, pueda amar a los demás, incluyendo a Dios, y no las apariencias.

Por eso vivimos un mundo de relaciones, la gente se relaciona por interés, no por amor, ni mucho menos por respeto, uno se relaciona porque le interesa una cosa del otro, vivimos en un "network" y no en una comunidad.

BEHOLD! THE DIVINE! / ECO DIVINO

180. This reflection is taken from the First Book of Kings, reminds us of what should be our attitude towards the passage of God,

> Stay on the mountain because God is going to pass by.

The fundamental message would be, attend your life, because God is going to pass your way. We live the life of others, we live other people's lives; if you look at the most famous magazines in the world, what do you see?, you see the lives of others, and instead of engaging to reflect about yourself and get to know yourself better, we know and reflect about other people who have nothing to do with us. I say this with concern, because very often people have very serious problems and are unable to solve their own issues.

We don't really have the sensitivity to capture the presence of God in the days we have, because we are consumed by appearances, about what will they think about me?, what will they say of me?, how should I behave to make people love me?: and what really matters is loving myself, so that being free, I may love others, including God and not appearances.

Therefore, we live in a world of relationships, people relate to others for interest, not for love, not even for respect; people relate to others because they want something from the other, we live in a network rather than a community.

REV. ALEXIS BASTIDAS

181. El comentario está tomado del Libro del Deuteronomio:
¡No cierres tu corazón a Dios!

Si trata de resolver estas preguntas, ¿qué es lo que me impide amar a Dios?, ¿qué es lo qué no me permite encontrarme con Dios?, ¿por qué me siento obligado a encontrarme con Dios?, ¿por qué cuando pienso que voy a la iglesia, al culto, al templo, o al lugar de celebración de fe, debo tener una motivación distinta que amar y manifestarle mi amor a Dios?, porque eso manifiesta la pobreza espiritual, la carencia espiritual que tenemos, y la mayoría de las personas somos así, van a misa o a su respectivo culto cuando necesitan algo de Dios, pero no van al culto, a la misa, a la celebración, o al lugar de encuentro para celebrar que Dios los ama, los ha bendecido y les da todo cuanto necesitan para vivir. Es triste, pero es así, no celebramos con gozo lo que Dios es para nosotros, si no tenemos un motivo ulterior, y eso debería cambiar, porque al final en la vida hay tres cuestiones, Dios, la muerte y el hombre, y ¿qué va a pasar entre nosotros tres?

BEHOLD! THE DIVINE! / ECO DIVINO

181. The commentary is taken from the Book of Deuteronomy:
Do not close your heart to God!

If you try to answer these questions, what is preventing me from loving God?, and what is not allowing me to be with God?, why do I feel bound to meet God?, Why when I go to church, or to worship, or to the temple, or the place of faith, I have a different motivation than to love and to express that love for God?, because it expresses spiritual poverty, spiritual deficiency. Most people are like that, they go to church or their respective worship when they need something from God, but do not go to worship, or Mass, or celebration, or gathering place to celebrate that God loves them, blesses them, and gives them all they need to live. This is a sad true, we cannot celebrate with joy that God is for us, if we do not have an ulterior motive, and that should change, because ultimately in life there are three issues: God, death and man, and what is going to happen between us three?

182. La reflexión está tomada del Evangelio según San Mateo:

No podemos olvidar o rechazar a los más pequeños, a los más débiles.

Lamentablemente eso es lo que hacemos, no nos gustan los pobres, nos huelen mal, es algo que no podemos controlar; sin embargo, Dios nos pide ser compasivos, acercarnos a ellos de manera tal que podamos asumir nuestra responsabilidad de ayudar a quien más lo necesita.

Lo más triste de ésto, es que cuando hacemos estas cosas, estamos buscando reconocimiento; y uno llega a la presencia de Dios es con las obras de misericordia, a quién le dio de comer, a quién le dio de beber, a quién vistió, a quién visitó en la cárcel, a quién enterró, y eso es lo que Jesús le va a preguntar a uno, no le va a preguntar otras cosas.

Nos sentimos bien cuando le damos unos centavitos a alguien, pero nunca nos preguntamos ¿por qué esa persona no tiene trabajo?, ¿por qué está pasando hambre?, ¿por qué está en esa circunstancia?, y siempre vamos a concluir, que ese es un borrachito, o está perdido, pero resulta ser que vivimos en un mundo en el que no tenemos sensibilidad por el que más sufre.

BEHOLD! THE DIVINE! / ECO DIVINO

Me pregunto, ¿cómo será el cielo?, porque en el cielo, según las Sagradas Escrituras, los que tienen prioridad son los pobres, y qué irá a suceder cuando nos encontremos todos, ¿cómo iremos a vivir?, porque si en la tierra hemos demostrado que ignoramos, olvidamos y hacemos muy poco por ellos, cómo, o con qué cara nosotros podemos ver ojo a ojo a Dios, cuando nos diga: y dónde está tu hermano ¿y qué hiciste por tu hermano?

REV. ALEXIS BASTIDAS

182. This reflection is taken from the Gospel according to St. Matthew;
We cannot forget or reject the small, the weak ones

Unfortunately, that's what we do, we do not like the poor, they smell bad to us, it's something we cannot control, however, God asks us to be compassionate, to approach them so that we can take our responsibility to help those who are most in need .

The saddest thing is that when we do these things, we are seeking recognition, and what you need when you come to God's presence are your works of mercy, who you fed, who you gave to drink, who you dressed, who you visited in prison, who you buried, that's what Jesus is going to ask us, not other questions.

We feel good when we give someone a few pennies, but we never ask why that person does not have a job?, Why is he starving?, Why is he in this circumstance?, And we will always say, because he is a drunkard, or he is lost, but it turns out that we live in a world with no sensitivity for those who suffer.

BEHOLD! THE DIVINE! / ECO DIVINO

I wonder how heaven is?, in heaven, according to the Holy Scriptures, the poor will have preference, and what will happen when we all meet?, how will we live?, if while on earth we demonstrated that we ignored, forgot and did very little for the poor, how can we see God eye to eye, when He asks us: where is your brother and what did you do for your brother?

183. Del Evangelio según San Juan: ¡El que me sirve a mí, honra a Dios!

Se ha preguntado, ¿de qué manera le sirve a Dios?, ¿cómo usted sirve a Dios?, ¿cuántas veces usted sirve a Dios?, estas son preguntas que nunca se hace, porque tiene la imagen de que quienes tienen que servir a Dios, son los curas y las monjas, y no es así, todo ser humano creyente, está llamado a servir a Dios, y ¿cómo se sirve a Dios?, en la comunidad, ayudando al que más lo necesita. No tiene necesidad de ir a la iglesia para ayudar al que más lo necesita, no tiene necesidad de rezar para ayudar al que más lo necesita, si usted quiere honrar a Dios, haga las obras de misericordia, que son, darle de comer al hambriento, darle de beber al sediento, vestir al desnudo, visitar a los presos, y así, podrá de alguna manera honrar su fe, confirmar su fe en Dios y sobre todo, el amor que Dios le da a cada uno de nosotros para redimirlo. Precisamente es la falta de amor y de servicio lo que nosotros manifestamos todos los días.

183. From the Gospel according to St .John: My Father will honor the one who serves me!

Ever wonder, how do you serve God? In what way do you serve God? How many times do you serve God? We don't ask ourselves these questions, because we think that only priests and nuns serve God. This is not the way it is, we believers are called to serve God, and how can we serve God? We serve God in our communities, helping those most in need, we don't have to go to church to help those in need, we do not have to pray to help those most in need; if you want to honor God, do works of mercy, which are, feeding the hungry, give drink to the thirsty, clothe the naked, visit prisoners, and thus, in some way honor your faith, confirm your faith in God, and above all, the love that God gives each of us to redeem Him. It is precisely this lack of love and service what we manifest every day.

184. La reflexión está tomada del Evangelio según San Mateo, y se refiere a esa condición de divorcio que hay en el ámbito judío, y Mateo le explica y le dice:
> Por la dureza del corazón, Moisés permitió el divorcio.

Hoy día, tenemos en la Iglesia un tema muy complicado, que realmente nos tiene preocupados a muchos de los sacerdotes y personas que tenemos contacto cotidiano con la gente, ya que un alto número de familias cristianas son de segundas nupcias, y encontramos cómo de alguna manera, la Iglesia no termina de asumir su responsabilidad con esa enorme cantidad de familias cristianas que se encuentran en ese predicamento. Para mí es un profundo llamado a la reflexión. La Iglesia debe buscar una salida justa, que le permita al ser humano volver a la comunión profunda con su Dios, con su Iglesia y con su fe.

Esto es difícil de explicar, ¿por qué nosotros, por tantos años, no terminamos de tomar la responsabilidad de resolver estos temas?, y siempre encontramos explicaciones que no satisfacen en ninguna medida el crecimiento de estas familias. Hasta tanto, nosotros como iglesia, no entendamos la necesidad de servir con propiedad a todas estas familias de segundas nupcias o de divorciados, tenemos un serio compromiso con ellos, y en lugar de estarlos regañando y estar hablando tonterías sobre ellos, deberíamos estar buscando soluciones para que puedan volver a vivir en plenitud su comunión.

BEHOLD! THE DIVINE! / ECO DIVINO

Yo sé que esto es un problema complicado para la Iglesia, pero es real, una inmensa cantidad, si no la mitad, casi la mitad de los matrimonios cristianos son de segundas nupcias, es decir de gente divorciada, y vuelta a casar.

REV. ALEXIS BASTIDAS

184. **This reflection is taken from the Gospel according to St. Matthew, and refers to the condition of divorce that is in the Jewish domain, Matthew explains:**
> **Moses permitted you to divorce your wives because your hearts were hard.**

Today the Church is facing a very complicated subject that worries many priests and persons who have daily contact with people, because we realize that a large number of Christian families are remarried, and the Church does not take responsibility and understanding for this huge population of Christian families who are in this predicament. For me it is a profound call to reflection. The Church should seek a just solution, which allows the human being return to the deep communion with his God, his church, and his faith.

It is difficult to explain why we, in so many years, have not taken full responsibility for solving these issues? And we always find reasons which do not satisfy, in any extent, the development of this families; while we as a church, do not understand the need to properly serve all these families of remarried or divorced, we'll have a serious commitment to them; and instead of scolding and talking nonsense about them, we should be looking for solutions so that they can return to fully live their communion.

BEHOLD! THE DIVINE! / ECO DIVINO

I know that this is a complicated issue for the Church, but it is real; there is a vast, a good number, if not half, nearly half of all Christian marriages are second marriages, that is, divorced people, remarried.

REV. ALEXIS BASTIDAS

185. El comentario está tomado del Evangelio según San Mateo:
¡Dejad que los niños se acerquen a mí!

Si nosotros permitiéramos eso, el mundo sería totalmente diferente, pero el hombre que hemos construido, ha olvidado al niño desde muy temprana edad.

Generalmente pensamos que el desarrollo del hombre es tener dos carros, cinco casas, y este tipo de cosas, y si se pregunta ¿cuál es el precio del confort en la vida del hombre?, tendría que mirar al entorno y ver al ser humano que tenemos. Y de nuevo nos preguntamos, ¿por qué el terrorismo?, ¿por qué pasan estas cosas?, pasan porque cuando uno se olvida de los niños, ese niño se hace hombre, y ese hombre se hace un ser resentido, un ser que no ha sido amado, que no ha sido asumido. Todos los días deberíamos tener muy en cuenta que somos escuela para ellos y que es nuestra tarea dejarles un mundo mucho mejor, y que si nosotros no lo hacemos, realmente los hombres del futuro van a ser gente con muchos problemas, como en efecto lo es hoy día.

No podemos seguir cultivando la humanidad de una manera tan irresponsable, si decimos que la educación es la salida del mundo contemporáneo, nuestras actitudes y las inversiones como Estado, como personas y como sociedad, deben estar orientadas a la educación, a la buena alimentación y salud de los niños, cosa que no hacemos con agrado.

Así que si usted tiene la oportunidad de cambiar su vida, hágalo hoy, y nunca olvide a los niños.

BEHOLD! THE DIVINE! / ECO DIVINO

185. This commentary is taken from the Gospel according to St. Matthew:
Let the children come to me!

If we allow it, the world would be totally different, but the man we have built, has forgotten children from an early age.

We usually think that a man of success has two cars, five houses, and this sort of thing and if you ask yourself ,what is the price of comfort in the life of men?, you would have to look to the surroundings and see the human being we have now, and again you ask, why terrorism?, why do these things happen?, those things happen because when we forget our children, that child will become a man, and that man will be resentful, a being who has not been loved, who has not been taken care of. We should remember every day that we are a school for them and it is our duty to give them a much better world. If we do not do that, the men of the future will be people with many problems, as indeed it is today.

We cannot continue to cultivate humanity in such an irresponsible way. If we say that education is the output of the contemporary world, our attitudes and investment as a state, as people, as a society, should be directed to education, good food and health for children, which we do not do with pleasure.

So if you have the opportunity to change your life, do it today and never forget the children.

186. La reflexión está tomada de la Carta de San Pablo a los Romanos:

¡Dios no se arrepiente de su elección! ¡Dios te ha elegido a ti y no se arrepiente de eso!

Dios espera que cada uno de nosotros pueda responder a ese llamado de perfección que nos hace, uno debería preguntarse o revisarse cotidianamente, si cada día es mejor, mejor persona, compañero, esposo, esposa, amigo, trabajador, etcétera, pero no es así, tenemos la tendencia a pensar que somos una maravilla sin hacer nada y eso es imposible, de manera tal, que Dios siempre nos elige, así como Dios confía en nosotros, nosotros tenemos que hacer nuestra tarea.

La tarea, ¿cuál es?, hacer el mejor ser humano posible, ¿de qué manera?, usando todas las herramientas que Dios nos da en la vida, y ¿cómo?, desechando esa necia idea de que para ser mejor uno no tiene que hacer nada.

186. **This reflection is from the Letter of St. Paul to the Romans:**
> **God does not repent of His choice! God has chosen you and has no regrets about that!**

God expects each one of us to answer the call for perfection He makes on us; we should ask or review daily, if we are a better person every day, friend, husband, wife, worker, etc., but we are not. We tend to think that we are great doing nothing, and that is impossible. God always chooses, and God trusts us, so we must do our task.

What is the task? Be the best human being possible, in what way? Using all the tools God gives us in life, and how? Discarding the foolish idea, that to be better, one does not have to do anything.

187. El comentario está tomado del Evangelio según San Mateo,

El ser humano se pierde por su actitud necia e ignorante, no por lo que posee.

Es muy difícil para aquella persona que está apegada a los bienes materiales, alcanzar el Reino de los Cielos.

El problema de la riqueza, no está en tener cosas, sino en el apego a las cosas materiales; un buen administrador es el que crea trabajo y da calidad de vida a muchas personas.

La riqueza en sí misma, no la considero un crimen o un pecado, lo que sí considero preocupante, es el apego a las cosas materiales, porque nos quitan la libertad y nos secuestran la vida; uno termina siendo como una especie de guarda almacén, cuando en realidad, uno tiene que ser un gran administrador.

187. **This commentary is taken from the Gospel according to St. Matthew,**
  The human being gets lost for his ignorance, not for what it possesses.

It is very difficult for a person who is attached to material goods, to reach the Kingdom of Heaven.

The problem of wealth is not in having things, but the attachment to material things; a good manager is one who creates jobs and provides quality of life for many people.

I don't consider wealth a crime or a sin, what I do think is worrying, is the attachment to material things, because they take away our freedom and kidnap our life. We end up as a kind of warehouse guard, when really we have to be great administrators.

REV. ALEXIS BASTIDAS

188. De la Carta de San Pablo a los Romanos: ¡Todo lo ha hecho Dios!

Cuando uno mira el universo, el entorno en el que vive y trata de conocerse a sí mismo, es cuando comienza a crecer en el respeto y la contemplación de Dios.

La mayoría de las personas que no encuentran este camino, difícilmente logran establecer la comunión que el hombre debe tener entre Dios, la naturaleza y consigo mismo; por eso es tan importante ilustrarse, formarse, tenerle pasión y amor a la ciencia y a la espiritualidad, porque entre el equilibrio y la comunión de ambas realidades, nosotros podemos encontrar el entendimiento que nos permite llevar una vida sabia, y resolver así siempre los problemas que tenemos enfrente.

BEHOLD! THE DIVINE! / ECO DIVINO

188. From the Epistle of St. Paul to the Romans:
God has made all things!

When we look at the universe, the environment in which we live and try to know ourselves, we begin to grow in respect and contemplation of God.

Most of the people that cannot find this path, are hardly able to establish the communion that we must have between God, nature and ourselves, so, it is important to learn, educate ourselves, have passion and love for science and spirituality, because between the equilibrium and the fellowship of both realities, we can find the understanding that allows us to live a wise life and always solve the problems we face.

189. Tomada de la Carta de San Pablo a los Tesalonicenses:
Lo que Dios quiere de cada uno de nosotros es que nos santifiquemos.

El tema está en que nosotros entendemos que la santidad es algo que nos lo otorga una institución, que tiene una medida que se llama santo metro, y que decide quién es santo y quién no es santo, pero resulta ser, que en el Evangelio y en la Escritura, quien hace santo a uno es Dios, quien le ofrece a uno la plenitud de la gracia es Dios, quien satisface el alma del ser humano, de manera tal que pueda uno liberarse de tanta atadura en este mundo de cosas inútiles, es Dios.

Entonces, el llamado que Dios nos hace es a conocerlo, a disfrutarlo, y para esto no hay medida ni dinero que pueda darle a uno la santidad.

189. From the Letter of St. Paul to the Thessalonians:
What God wants from each of us is that we sanctify ourselves

The issue is that we understand that holiness is something given to us by an institution which has a measure called the holy meter, and decides who is holy and who is not holy. But it turns out that in the Gospel and in the Scripture, who makes one holy is God, who gives a fullness of grace, is God, who satisfies the human soul, so that one can free himself from the bondage of useless things in this world, is God.

Then, God is calling us to know Him, to enjoy Him, and for this, there is no measure or money that can give us holiness.

190. Del Evangelio según San Mateo:

¡El que quiera vivir conmigo, que renuncie a sí mismo y me siga!

¿Qué significa esto?, que para poder acercarse a Dios, uno tiene que desprenderse de todas aquellas ideas preconcebidas que tiene de sí mismo, y eso tenía una manera de decirse en la antigüedad: soberbia y arrogancia, y por eso el pecado capital número uno es la soberbia, y por ser soberbios, no le permitimos a Dios entrar a nuestra alma.

La soberbia pasa por creer que lo que uno piensa de sí mismo es la verdad, sin probarlo, y es que para poder entrar a la comunión y al entendimiento de Dios, uno tiene que ser libre y conocerse de verdad, saber cuán humano es, cuán frágil es, cuán necesitado está uno del amor de los demás y del amor de Dios; de manera tal, que conociéndose a sí mismo, conoce mejor a los demás, y conociendo bien a los demás, conoce uno a Jesucristo.

190. The Gospel according to St. Matthew:
Who wants to come after me, must deny himself and follow me!

What does this mean? In order to approach God, one has to get rid of all those preconceived ideas of who we are; and that was recognized in ancient times as pride and arrogance, so the cardinal sin number one is arrogance, and for this arrogance, we do not allow God to enter our soul.

Pride makes people believe that what they think about themselves is the truth, without any prove of it. To enter into communion and understanding of God, one must be free and know the truth about oneself, know how human we are, how fragile we are, how much we are in need of the love of others and the love of God, so that by knowing ourselves, we can know others better, and by knowing others better, we know Jesus Christ.

191. El comentario está tomado de la Carta de San Pablo a los Colosenses:
¡La Palabra de la verdad, ha llegado a todos ustedes!

¿Cuál es la verdad a la que se refiere?, en el fondo hemos perdido la brújula, la orientación que la verdad nos ofrece para tener calidad de vida. Por un lado, la gente piensa que ignorando la realidad, podemos encontrar la verdad, y no hay nada más absurdo que eso.

El mejor lugar donde uno puede encontrar la verdad es en la realidad, y Dios nos da herramientas para poder así entenderla.

Esas son las herramientas del Espíritu Santo, de modo tal que en una crisis como la que estamos viviendo, una vez más debemos buscar en la realidad el paso de Dios, y así poder seguir el rumbo que Dios establece en medio de todos nosotros.

Un rumbo que nos llama a buscar la integridad, los valores, para así poder resolver todas estas circunstancias que son producto del pecado y de la negligencia del hombre.

BEHOLD! THE DIVINE! / ECO DIVINO

191. **This commentary is taken from the Letter of St. Paul to the Colossians:**
The Word of truth has come to you all!

What is the truth he refers to? Actually we've lost the compass, the guide that truth can offer us to have a better quality of life. People think that ignoring reality, we can find the truth, but there is nothing more absurd than that.

The best place where we can find the truth is in reality, and God gives us the tools to understand it well.

These are the tools of the Holy Spirit. In the crisis we are living now, once again we must look into our reality the presence of God, so we can follow the path that God set in the midst of us all.

A path that calls us to seek integrity, values, in order to solve all these circumstances which are the result of sin and the neglect of man.

REV. ALEXIS BASTIDAS

192. La reflexión está tomada del Evangelio según San Lucas:
¡Dejándolo todo, le siguieron!

Mucha gente piensa que para seguir a Jesucristo, lo más difícil es dejar las cosas que uno tiene, el dinero o la fama que ha podido acumular en su vida, y en realidad eso es extremadamente secundario. Lo más difícil es dejar la cantidad de ideas inútiles que tiene en la cabeza, que no le permiten contemplar la verdad y poder compartir con el mundo esas grandes enseñanzas que Jesucristo le ofrece al ser humano para tener calidad de vida; el impedimento no son las cosas materiales, el impedimento es lo que uno es por dentro, como está constituido y cómo piensa, y desprenderse de eso es lo más difícil.

La verdadera conversión del ser humano, para poder encontrar la verdad, radica en ser lo suficientemente libre e inteligente para poder desechar ideas inútiles.

192. This reflection is taken from the Gospel according to St. Luke:
They left everything and followed him!

People think that in following Jesus, the most difficult thing to do, is to leave behind the material goods accumulated in life, money or fame, and indeed, that is extremely secondary. The hardest thing to do is to leave the amount of useless ideas that one has in his mind, which does not allow us to see the truth, and share with the world the great teachings that Jesus Christ offers us to have quality of life. Material things are not the impediment, the problem is what we are inside, and how we think, and that's the most difficult thing to discard.

The true conversion of man to be able to find the truth lies in being free and smart enough to dismiss useless ideas.

193. ¡Todo fue creado por Él y para Él!
Esta frase está tomada de la carta de San Pablo a los Colosenses

Pablo trata de enseñarnos que el centro de nuestra vida debe ser Jesús, y el anuncio de Jesús, el anuncio de esa palabra que redime al ser humano, que lo saca de la oscuridad y lo lleva al entendimiento de la realidad, y de lo que uno puede hacer con su vida.

Todas las cosas que rodean nuestra existencia están íntimamente relacionadas con ese centro espiritual, o esa conexión que debe existir entre el hombre y Dios, y cuyo encuentro es Jesús.

Jesús es el centro de nuestra vida, es nuestro punto de partida para lograr vislumbrar y tener perspectiva de la realidad en el mundo contemporáneo, no el Jesucristo que estamos acostumbrados a ver, que no se parece en nada al que se encuentra en el Evangelio, que se parece tanto a ti y a mí, y que nos pide todos los días dar lo mejor de nosotros mismos.

193. Everything was created by Him and for Him!

This statement is taken from the letter of St. Paul to the Colossians.

Paul is teaching us that the center of our life should be Jesus and the proclamation of Jesus, the announcement of the word that redeems man, driving us out of the darkness and leading us to the understanding of reality, and what we can do with our life.

All things that surround our existence are closely related to that spiritual center, or the connection that should exist between man and God, and whose encounter is Jesus.

Jesus is the center of our life, the starting point of how we are called to discern and to have perspective on reality in the contemporary world, not the Jesus Christ we are accustomed to see, which is very different to the Jesus of the Gospel, who looks a lot like you and me, who asks us every day to give the best of ourselves.

194. ¡Dios nos ha reconciliado consigo!
Tomado de la carta de San Pablo a los Colosenses.

Ese es nuestro gozo, saber que Dios nos reconcilia con la vida, saber que Dios nos perdona los pecados, saber que Dios tiene esperanza en nosotros. Y esto es sin lugar a dudas un espacio que uno debe cultivar y desarrollar para poder tener una vida espiritual sana y llena de gozo, sabiendo que siempre encuentra la misericordia en aquel que realmente murió en la cruz, para perdonar nuestros pecados.

BEHOLD! THE DIVINE! / ECO DIVINO

194. God has reconciled us!
Taken from the letter of St. Paul to the Colossians

That is our joy, knowing that God reconciles us to life, knowing that God forgives our sins, knowing that God has hope in us. And this is certainly an area that we must cultivate and develop in order to have a healthy spiritual life, full of joy, knowing that we always find mercy on Him, who died in the cross to forgive our sins.

195. La reflexión está tomada de la carta de San Pablo a los Colosenses:

¿Para qué Dios nos ha reconciliado?, la respuesta es muy sencilla, es para hacernos santos.

La santidad es un ejercicio cotidiano de comunión del hombre con Dios, y nace precisamente de la búsqueda de la perfección por parte del ser humano. Uno siempre está llamado a ser mejor todos los días, y la santidad, lejos de ser una tendencia de ponerlo a uno a mirar al suelo e ignorar la realidad, lo que hace es precisamente inspirar al ser humano para lograr de sí lo mejor, y así compartir la vida con los demás.

La santidad, no se mide con un metro, no se otorga con ningún pergamino, la santidad es un don de Dios, y solo Dios puede, en ese sentido, cultivarla en todos nosotros, el resto es historia o cultura, pero no existe un santo metro que nos permita decir quién es más santo o menos santo que los demás.

195. **This reflection is taken from the letter of St. Paul to the Colossians:**
What has God reconciled us for? The answer is very simple, to make us holy.

Holiness is a daily exercise of communion with God and is born precisely of the human search of perfection. You are always called to be better every day, and sanctity, far from a tendency to making you look to the ground and ignore reality, is precisely what inspires human beings to achieve the best, and share life with others.

Holiness is not measured with a tape measure, it is not given in a parchment, holiness is a gift from God, and only God, in that sense, it can grow in all of us; the rest is history or culture, but no measure allows us to say who is holier or less holy than others.

196. La reflexión está tomada de la Carta de San Pablo a los Romanos:

¿En qué consiste cumplir perfectamente la Ley?, yo les voy a decir una sola palabra, en amar.

Sí tú amas de verdad, sí tú amas en espíritu y verdad, cumples con la ley y la haces parte de tu vida; pero si en lugar de tener ese criterio de amar en espíritu y verdad, la realidad en la que vives es diferente, terminas rompiendo con todas las alianzas que establece la vida.

Les voy a poner un ejemplo muy sencillo: en esta ciudad la gente suele decir que tiene amigos, pero en realidad es un "network" de personas que se utilizan de acuerdo a las circunstancias, al interés o al tiempo en que es obvio para ambos el encontrarse, y así establecer una especie de negocio de influencias por así decirlo.

Esta es una ciudad de "network" como lo es Paris, como lo es Madrid, como lo son las grandes ciudades, y nosotros estamos llamados fundamentalmente a renovar la vocación de amar, de entregar la vida, porque amamos al ser humano y amamos la realidad.

Amar, en el fondo es un milagro que todos nosotros estamos llamados a hacer todos los días, porque de lo contrario, siempre seguiremos en esta dinámica, en la que yo te utilizo, tú me utilizas y todos estamos bien.

196. This reflection is from the Letter of St. Paul to the Romans:

> What does perfectly fulfilling the Law consist of? I'm going to say one word, love.

If you really love, if you love each other in spirit and truth, you fulfill the law and make it part of your life; if instead of that approach to love in spirit and truth, the reality in which you live is different, you end up breaking all the alliances established in life.

Let me give a simple example: in this city people often say they have friends, but it is actually a network of people who use each other according to circumstances, interests or at the time when it is obvious for both to meet, and establish some kind of business of influences.

This is a city of networks, as it is Paris, or Madrid, and many large cities; and we are called fundamentally to renew our vocation of love, to give our lives, because we love people and we love reality.

Love, in the end, is a miracle that we are all called to do every day, because otherwise we'll continue on this dynamic in which I use you and you use me and we are all well.

197. La reflexión está tomada del Evangelio según San Lucas:

¡Estaban acechando a Jesús para hacerle pasar un mal rato!

Nosotros tenemos una conducta muy curiosa, tratamos de hacer responsable a Dios de todas las cosas malas que pasan en el mundo, ¿dónde está Dios que no está en Somalia?, ¿dónde está Dios que no está en Haití?, ¿dónde está Dios que no está con los pobres?, y yo sí puedo decir donde no está, Dios no está en el corazón de toda esa gente avara que es incapaz de poder ayudar al más débil dentro de su propia realidad.

Y, ¿por qué siempre criticamos a Jesús?, porque nos duele, porque es una piedra en el zapato, la gente dice que ama a Jesús, pero no lo escucha, dice que ama a Jesús, pero no lo sigue, dice que es católica y no sabe lo que es eso. Nosotros, la gente, estamos en un serio problema de identidad, y acusamos a Jesucristo, como si Él fuera el responsable de todas las cosas, de todos los pecados que nosotros, como seres humanos hemos cometido, y producto de ello es esta miseria, en la cual el mundo hoy se debate, entre una cosa y la otra.

Siempre se ha tratado de enjuiciar a Jesucristo, pero nunca el hombre ha asumido la responsabilidad de decir: ¡esto es mi responsabilidad!, la pobreza la hicimos todos, y todos tenemos de alguna manera que ayudar a resolverla, no es algo mágico, es algo de conciencia, de valor y de moral.

BEHOLD! THE DIVINE! / ECO DIVINO

197. **This reflection is taken from the Gospel according to St. Luke:**
They were stalking Jesus to give him a hard time!

We have a very curious behavior, trying to make God responsible for all the bad things that happen in the world, why God is not in Somalia?, Why God is not in Haiti?, Why God is not with the poor?, and I can say where He is not: God is not in the heart of all those greedy people who are unable to help the weak in their own reality.

And why do we always criticize Jesus?, because it hurts, because it is a pebble in the shoe; people say they love Jesus, but do not listen; they say they love Jesus, but do not follow Him; say they are catholic and do not know what that is. We are in a serious identity problem, and blame Jesus Christ as if He is responsible for all things, for all sins that we as humans have committed, and product of that, is the misery in which the world is debating today.

Humans always tried to judge Jesus Christ, but they have never taken responsibility in saying: this is my responsibility! Poverty was made by men and somehow we have to help to solve it, is not something magical, it is a matter of conscience, values and morality.

REV. ALEXIS BASTIDAS

198. La reflexión está tomada de la carta de San Pablo a los Colosenses:
¡Dios nos ha dado una nueva vida!

Nosotros tenemos ese gran regalo que es la reconciliación con Dios, sin embargo, la vida nuestra, debido a la dinámica en la que vivimos inmersos, pierde total sentido, y Dios termina siendo un "appointment", una cita los domingos a las once o a tal hora, pero no un ser que realmente forma parte de mis 24 horas, y esto es algo que uno debe, sin lugar a dudas, cambiar. Realmente nosotros no sabemos cuán importante es encontrarle sentido a la vida y sobre todo respetarla.

La vida es un don, un regalo, que solamente aquel que la sabe disfrutar, entiende lo que significa, de lo contrario vivimos como gente que no sabe ni en qué tiempo está ni para que le sirve la vida, ni para qué sirve encontrarse con el ser humano en el tiempo y en el espacio. Por eso vemos a gente que vive siempre encaprichada, llena de egoísmo, de inmadurez, que lo que traen a nuestro encuentro es inmadurez y problemas en vez de traer lo mejor de sí mismo.

La sociedad, la ciudad, el mundo sería totalmente diferente, sí nosotros valoráramos la vida y compartiéramos lo mejor de nuestra vida con los demás; pero la verdad sea dicha, lo que nosotros compartimos con los demás es lo que nos sobra, y esto es grave.

198. This reflection is taken from the letter of St. Paul to the Colossians:
God has given us a new life!

We have this great gift, which is the reconciliation with God, yet our life, because of the dynamic in which we are immersed, loses all sense, and God ends up being an appointment, an appointment on Sundays at eleven or any other time, but He is not really part of my 24 hours; and this is something that one should change, without any doubt. We really do not know how important is to find meaning in life and above all respect it.

Life is a gift, a gift that only those who know how to enjoy it, understand what it means, otherwise we live as people who do not even know in which time we are, or what life is for, and don't know how to relate with other human beings in time and space. So we see people living infatuated, always full of selfishness and immaturity, and all they bring to us is immaturity and problems, instead of bringing the best of themselves.

Society, the city, the world would be totally different, if we valued life and share the best of our life with others, but the real truth, is that we share with others what is left, and this is serious.

199. La reflexión está tomada del Evangelio según San Lucas:
¿Puede un ciego guiar a otro ciego?

Si lo puede guiar, el asunto es sí van en la dirección correcta; en ese sentido estamos confundidos, porque cada quien piensa que la dirección que tiene es la correcta, y si fuera así, el mundo en el que vivimos sería otra cosa; sí todos buscásemos la felicidad de acuerdo a los valores humanos y tratáramos realmente vivir en profundidad lo que Dios nos pide, que es amarlo y servirle, amar y servir al ser humano con pasión, nosotros no estaríamos tan confundidos.

Cada quien hace un ídolo a su imagen y semejanza, practicamos las cosas que nos interesan y dejamos de practicar las que no nos interesan, y cuando alguien apenas nos cuestiona esto, inmediatamente hablamos de otras cosas para esquivar la responsabilidad de saber que uno ha dejado de amar en espíritu y verdad a Dios, y ha hecho uno su propio ídolo.

Hoy día nosotros podemos decir que sí seguimos a muchos ciegos, y que muchos estamos ciegos; deberíamos leer "La Ceguera" de Saramago, para poder entender en gran medida lo que está pasando en el mundo contemporáneo.

BEHOLD! THE DIVINE! / ECO DIVINO

199. **This reflection is taken from the Gospel according to St. Luke:**
Can the blind lead the blind?

One blind man can lead another blind man, the issue is whether they are moving in the right direction; in that sense we are confused, because everyone thinks that they are moving in the right direction, and if so, the world we live in would be very different; if we all seek for happiness according to human values, and try to live deeply what God asks us, which is to love Him, serve Him and serve our brothers with passion, we would not be so confused.

Everyone makes an idol in his own image and likeness, and practices the things that interest them and leave behind things that they are not interested in, and when someone questions them, they change the subject immediately in order to avoid the responsibility of knowing that they have stopped loving in spirit and truth, and made their own idol.

Today we can still say we do follow many blind people, and many of us are blind. We should read the book "Blindness" by Saramago, to better understand what is happening in the contemporary world.

200. La reflexión está tomada de la Primera Carta de San Pablo a Timoteo:
¿Qué es lo que Dios quiere de todos nosotros?

¿Qué es lo que Dios quiere?, que todos los hombres se salven y lleguen al conocimiento de la verdad, y ¿cómo podemos hacer esto?, renunciando a la ignorancia, que es el culto más profundo que el ser humano celebra todos los días.

El hombre no se da cuenta de cuan ignorante es y cuanta necesidad tiene del conocimiento, de la ciencia, de las artes, para poder así darle sentido a su vida; y para esto uno no necesita ir a la universidad ni necesita pagar en el museo para entrar, no, todas estas cosas que uno ve en el museo las puede ver caminando en la calle, porque el arte es el reflejo de la vida, y si nosotros no aprendemos a apreciar la vida, ir a un museo va a ser inútil. Si algo podemos hacer nosotros para conseguir la salvación, es salir de la ignorancia, vencer la barbarie y sobre todo procurar estar iluminados por la verdad, esa verdad que Dios proclama en Jesucristo Nuestro Señor.

BEHOLD! THE DIVINE! / ECO DIVINO

200. This reflection is from the First Letter to Timothy:
What does God want from us?

What does God want? That all men are saved and reach the knowledge of the truth, and how can we do this? We can renounce ignorance, which is the deepest worship that men celebrate every day.

Men do not realize how ignorant they are and how much they need knowledge, of science, of arts, to give life meaning; for this is not necessary to go to college, or pay a ticket for a museum. All these things you see in the museum can be seen walking in the street, because art is a reflection of life and if we do not learn to appreciate life, going to a museum will be useless. Something we can we do to achieve salvation is overcome our ignorance, beat barbarism and above all, seek to be enlightened by the truth, the truth that God proclaims in Jesus Christ our Lord.

www.ingramcontent.com/pod-product-compliance
Lightning Source LLC
Chambersburg PA
CBHW021839220426
43663CB00005B/324